101 mal Dortmund
Top-Ziele & Geheimtipps

Impressum

2. Auflage Dezember 2013
(Redaktionsschluss 15. November 2013)

Herausgeber und Verlag:
© Überblick Medien GmbH & Co. KG, Dortmund
Alle Rechte vorbehalten
www.ueberblick.de

Redaktion:
Katrin Pinetzki

Kartographie:
© OpenStreetMap und Mitwirkende, CC BY-SA

Satz, Layout, Umschlaggestaltung:
WDD Dr. Faltz, Stute und Partner GmbH
www.wdd.de   .

Druck und Bindung:
Hitzegrad Print Medien & Service GmbH, Dortmund,
www.hitzegrad.de

ISBN 978-3-95541-012-4

HI, LIVE!

Eintrittskarten
für Dortmund und die Region

Vorwort

Liebe Leserinnen und Leser,

Dortmund steckt voller Geschichte – und voller Geschichten. In diesem Buch erzählen wir sie. Unter den 101 ausgewählten Orten finden Sie: Kirchen und Kneipen, Bühnen und Büdchen, Plätze und Parks, Seen und Siedlungen, Historisches, Typisches, Skurriles, Museales. Wir versprechen Ihnen: Selbst Ur-Dortmunder werden Neues über ihre Stadt erfahren.

Am Anfang dieses Stadtführers stand die Serie „33 mal Dortmund" in den Ruhr Nachrichten: Tag für Tag stellte die Redaktion einen Ort vor – und merkte schnell: Das reicht nicht. Nachdem nun dieses Buch entstanden ist, wissen wir: Auch 101 Orte reichen kaum aus, um alle Geschichten dieser Stadt zu erzählen. Die Auswahl fiel uns schwer – und natürlich ist sie subjektiv.

Herausgekommen ist ein Lesebuch der spannenden Orte, ein Nachschlagewerk und Dortmund-Führer für alle, angereichert mit wunderbaren Aufnahmen des Ruhr Nachrichten-Fotografen Dieter Menne und weiterer Fotografen.

Sind Sie Ur- oder Ex-Dortmunder? Sind Sie neu in der Stadt? Oder einfach auf der Suche nach guten Ausflug-Tipps? Wie auch immer, auf den folgenden Seiten werden Sie fündig.

Wir haben Orte mit Symbolen gekennzeichnet, die sich besonders für Ausflüge mit Kindern eignen, die landschaftlich reizvoll sind und ein gastronomisches Angebot beinhalten. Auf den jeweils rechten Seiten finden Sie Adressen, Anfahrtswege, Öffnungszeiten oder Eintrittspreise sowie besondere Tipps der Redaktion.

Wir wünschen Ihnen viel Spaß beim Lesen und Entdecken!

Stellvertretend für das Autorenteam:
Oliver Volmerich und Katrin Pinetzki

So echt
wie Kumpels,
die zusammenhalten.

BRINKHOFF's №1

Ein Bier wie sein Revier.

Inhalt

Eintauchen in die Stadt: Viertel & Plätze

001	Alte Kolonie Eving	10
002	Alter Markt	12
003	Althoff-Block	14
004	Borsigplatz	16
005	Brückstraßenviertel	18
006	Flughafen	20
007	Friedensplatz	22
008	Großmarkt	24
009	Hafen	26
010	Kaiserstraßenviertel	28
011	Kreuzviertel	32
012	„Negerdorf"	34
013	Nordmarkt	36
014	Siedlung Oberdorstfeld	38
015	Technische Universität	40
016	Westen- und Ostenhellweg	42

Ausflug in die (Industrie-)Geschichte

017	Adlerturm	44
018	Apothekenmuseum	46
019	Brauerei-Museum	48
020	Dreifaltigkeitskirche/„BVB-Kirche"	50
021	Haus Rodenberg	52
022	Hochöfen Phoenix West	54
023	Hoeschmuseum	56
024	Hohensyburg	58
025	Hörder Burg	60
026	Immanuelkirche	62
027	Kokerei Hansa	64
028	Lanstroper Ei	66
029	Liebfrauenkirche	68
030	Petrikirche	70
031	Propsteikirche	72
032	Reinoldikirche	74
033	Schloss Bodelschwingh	76
034	St. Peter	78
035	Steinwache	80

Mehr bietet Ihnen keine andere Bank in Dortmund:

- **51** Geschäftsstellen • **19** SB-Stellen • **175** Geldausgabeautomaten
- **11** Vermögensmanagements • **Ś** Finanzdienste – mobil für Sie
- **Ś** ImmobilienCenter • **Ś** ExistenzgründungsCenter

... und ein aktives Team mit über **1.800** Mitarbeitern in ganz Dortmund!

Gute Leistung. Gut für mich.

Sparkasse
Dortmund

036	Syburger Bergbauweg	82
037	Wasserschloss Haus Dellwig/Heimatmuseum	84
038	Westfälisches Schulmuseum	86
039	Zeche Hansemann	88
040	Zeche Zollern	90

Kultur erleben

041	Altes Stadthaus mit Berswordthalle	92
042	Domicil	94
043	Fletch Bizzel	96
044	Harenberg City-Center	98
045	Konzerthaus	100
046	Kulturort Depot	102
047	Künstlerhaus	104
048	Museum für Kunst und Kulturgeschichte	106
049	Naturbühne Hohensyburg	108
050	Stadt- und Landesbibliothek	110
051	Tanztheater Cordula Nolte	112
052	Theater Dortmund	114
053	Theater Olpketal	116
054	U-Turm	118

Natur & Parks

055	Bittermark	120
056	Bolmke und Schultenhof	122
057	Fredenbaumpark und Big Tipi	124
058	Hauptfriedhof	126
059	Hengsteysee	128
060	Hoeschpark	130
061	Ostfriedhof	132
062	Phoenixpark und Emscher	134
063	Rombergpark	136
064	Wannebachtal	138
065	Westfalenpark	142
066	Westpark	144
067	Zoo	146

Aktiv werden: Sport & Freizeit

068	Deusenberg	148
069	Freibad Froschloch	150
070	Fußballplatz	152
071	Galopprennbahn	154

072	Golfplätze	156
073	Rad-Niere	158
074	Revierpark Wischlingen	160
075	Signal Iduna Park	162
076	Südbad	164
077	Tropenhäuser	166

Ausgehen & Genießen

078	Filmbühne Dortmund-Aplerbeck („Postkutsche")	168
079	Fischer am Rathaus	170
080	Hansamarkt	174
081	Haus Overkamp	176
082	Spielbank Hohensyburg	178
083	Tante Amanda	180
084	Thier-Galerie	182

Typisch Dortmund ...

085	Borusseum	184
086	DASA	186
087	Eckkneipe	188
088	Florianturm	190
089	H-Bahn	192
090	Hamam	194
091	Kiosk	196
092	Kleingartenanlage	198
093	Pankultur Zentrum	200
094	Phoenix-See	202
095	Polizeiausstellung eins eins null	204
096	Regenbogenbrücke an der B 1	206
097	Stadion Rote Erde	208
098	Union Gewerbehof	210
099	Weihnachtsmarkt	212
100	Westfalenhalle	214
101	Zentralmoschee Kielstraße	216

Impressum	2
Vorwort	4
Die Autoren	218
Die Fotografen	220

001 Alte Kolonie Eving

Kohle und Zechen haben Eving geprägt. Was für eine Überraschung also, wenn man die „Alte Kolonie" betritt: Fachwerkhäuser und viel Grün verbreiten ein fast dörfliches Ambiente. Die „Alte Kolonie" steht für den neuen Siedlungsbau der Jahrhundertwende. So schrieb die „Dortmunder Zeitung" am 13.10.1900: „Zum erstenmale begegnet man hier einem nach Zahl und Umfang imposanten Häuserviertel, bei dem nicht jede Arbeiterwohnung eine Kopie des benachbarten bietet, sondern sozusagen einen eigenen und eigenartigen Charakter trägt."

Angelegt wurde die Kolonie von der Zeche „Vereinigte Stein und Hardenberg" für die verstärkt angeworbenen auswärtigen Arbeiter. 1898/99 entstanden zunächst 76 Häuser mit 270 Wohnungen. Östlich wurde dann schon 1900 die „Neue Colonie" mit 200 Wohnungen in 49 Häusern errichtet. Soziales und architektonisches Zentrum der Siedlung war das Wohlfahrtsgebäude am Nollendorfplatz: Es war Badeanstalt und Kinderverwahrschule, es beheimatete eine Haushaltsschule – im Volksmund Puddingakademie genannt – und ein Ledigenheim, ein Beamtenkasino, eine Bücherei, Wäscherei mit Heißmangel sowie einen Kaufladen. Heute hat die Chorakademie ihren Sitz im Gebäude.

In der Alten Kolonie finden sich acht teils außergewöhnliche Häusertypen. Alle Wohnungen verfügten über fließendes Wasser und Ofenheizung. Ein eigener Stall, Gartenland und ein separater Eingang gehörten ebenfalls dazu. Zudem kosteten die Wohnungen nur halb so viel wie vergleichbare Wohnungen. In den 1970er Jahren sollte die Kolonie den Abrissbaggern zum Opfer fallen. Ein breites bürgerschaftliches Engagement verhinderte das. Das Wohlfahrtsgebäude und die Häuser am Nollendorfplatz stehen heute unter Denkmalschutz. gl

Adresse Friesenstraße/Körnerstraße/Nollendorfplatz
Anfahrt U-Bahn 41 (Amtsstraße)

In einer guten Stube hält man sich gern auf. Beim Alten Markt ist es nicht anders. Älteren gilt er als „gute Stube" Dortmunds, jüngeren eher als größter Biergarten der Stadt. Immerhin 1500 Plätze bieten die sechs großen Markt-Gastronomen im Sommer.

Historisch hatte der Platz im Herzen der City freilich eine andere Funktion. Er war, wie der Name verrät, der Marktplatz der Stadt. Hier stand das älteste steinerne Rathaus Deutschlands, das um 1235 gebaut wurde. 1899 war es für den Besuch des Kaisers renoviert, dann im Zweiten Weltkrieg zerstört und in den 1950er Jahren – zum Leidwesen vieler historisch bewusster Dortmunder – abgerissen statt wieder aufgebaut worden.

Ein paar historische Spuren gibt es aber noch rund um den Alten Markt. Wenkers Brauhaus erinnert an die Krone am Markt, deren Geschichte bis ins Jahr 1430 zurückverfolgt werden kann und die als Keimzelle der Kronen-Brauerei gilt. Die Adler-Apotheke an der Nordost-Ecke des Platzes ist auch äußerlich als älteste Apotheke Westfalens zu erkennen, deren Geschichte bis ins 14. Jahrhundert zurückreicht. Daran erinnert auch das privat betriebene Apothekenmuseum in den Tiefkellern des Hauses.

Ein Treffpunkt auf dem Alten Markt ist der Bläserbrunnen. Er stand ab 1901 in anderer Form ursprünglich vor dem Alten Rathaus an der Südwest-Ecke des Platzes und wurde 1964 in moderner Form an die Ostseite gesetzt. Erhalten blieb als Namensgeber die Figur des Bläsers, eine Erinnerung an fahrende Musikanten aus dem Mittelalter.

Genutzt wird der Alte Markt auch für Veranstaltungen. Höhepunkt ist der Weihnachtsmarkt, zu dem die Fassade des alten Rathauses als Bühnenkulisse auf der Mitte des Platzes wieder aufgebaut wird. Oli

Adresse Alter Markt **Anfahrt** U-Bahn-Stationen Kampstraße, Stadtgarten oder Reinoldikirche **Tipp** Es gibt einige Dinge, die man als echter Dortmunder einmal getan haben muss. Dazu gehört, auf dem Alten Markt Salzkuchen und Pfefferpotthast (in Zwiebeln gekochtes Rindfleisch) zu essen und ein(ige) Stößchen zu bestellen.

„Ich will hier nicht weg", sagt die 51-Jährige und spricht damit wohl den meisten Bewohnern des Althoff-Blocks in der westlichen Innenstadt aus dem Herzen. In seiner Abgeschlossenheit ist der Wohnblock etwas Besonderes. Ein Musterbeispiel genossenschaftlichen Wohnens, bei dem auf Nachbarschaft viel Wert gelegt wird.

Mit viel Liebe zum Detail begannen die Dortmunder Architekten Düchting und Jänisch ab 1914 die ersten Gebäude zu errichten. Ihr Auftrag: Wohnraum mit Qualität für die Arbeiter der umliegenden Industriebetriebe schaffen. Und sie legten dabei – trotz der geschlossenen, viergeschossigen Bauweise – viel Wert auf Auflockerung: hier ein Balkon, da ein Ornament, dort eine Verzierung oder ein Erker. Es gibt kleine Vorgärten, und hinter den Häusern befinden sich große Innenhöfe mit viel Platz für Spielplätze und Wiesen.

Auch bei den umfangreichen Fassaden-Renovierungen oder beim Wiederaufbau nach dem Zweiten Weltkrieg blieb der Charme der Häuserfronten erhalten. Das war dem Besitzer, dem Spar- und Bauverein e. G., wichtig. Die Genossenschaft wurde im Althoffblock gegründet und verwaltet dort rund 1600 Wohnungen.

Kern des Wohngebietes, das insgesamt sieben Karrees umfasst, ist das Kreuz aus Althoffstraße und Roseggerstraße. Die Zufahrten über die Althoffstraße sind charakteristischerweise durch Toreinfahrten von den anliegenden, stärker befahrenen Straßen abgegrenzt. Namenspate ist übrigens Dr. Hermann Althoff, der sich in Westfalen um den Sozialen Wohnungsbau verdient machte. gl

Adresse Althoffstraße/Roseggerstraße **Anfahrt** U-Bahn 42 (Möller-brücke) oder S-Bahn 4 (Möllerbrücke) **Tipp** Für Generationen von Fahranfängern war die Gaststätte „Zum Volmarsteiner Platz" an der Althoffstraße 33 Start- und Endpunkt der Führerscheinprüfung. Die Gaststätte ist u.a. Vereinslokal des Dortmunder Boxclubs 20/50, der dort regelmäßig zum Prominenten-Stammtisch lädt. Auch Henry Maske und Dietmar Bär waren schon dort.

004 Borsigplatz

Der Borsigplatz pflegt seinen Ruf. Schwarzgelbe Banner begrüßen Autofahrer am Straßenrand und im Zentrum des Kreisverkehrs. Unübersehbares Zeichen dafür, dass der Ballspielverein Borussia hier sein Zuhause hat.

Die Ursprünge des Platzes mit seinen markanten Gründerzeit-Bauten hat allerdings weniger mit Sport-, sondern eher mit Industriegeschichte zu tun. Der Borsigplatz war Mittelpunkt des Hoeschviertels, das vor den Toren des 1871 gegründeten Eisen- und Stahlwerks Westfalenhütte entstanden war. Seinen Namen bekam der Platz, den die Stadtplaner ab 1874 anlegten, allerdings erst um die Jahrhundertwende. Namenspate war August Albert Borsig, der zu den Mitbegründern der nahen Maschinenfabrik Deutschland gehörte.

In der automobilen Zeit nach dem Zweiten Weltkrieg wurde der Platz zur Verkehrsdrehscheibe. Viele Gebäude rund um den Borsigplatz stehen heute unter Denkmalschutz, z.B. das Concordia-Haus mit seinem Glockenturm, das einst eine Wirtschaft gleichen Namens beherbergte. Eine besondere Geschichte hat das gegenüber gelegene Assauer-Lichthaus, das ab 1929 ein bekanntes Kino beherbergte. Gleich nebenan betrieb der erste Nationalspieler des BVB, August Lenz, von 1955 bis 1988 seine „Sportlerklause".

Das Gründungslokal des BVB liegt nicht weit entfernt an der Oesterholzstraße. Wo heute eine Imbissbude Pommes rot-weiß anbietet, lag einst die Gaststätte Wildschütz, in der junge Männer im Dezember 1909 einen Fußballverein gründeten. Die Ursprünge des BVB kann man heute erwandern. Der „BVB Walk-of-Fame" erinnert mit in den Gehweg eingelassenen Sternen an die Geschichte des Vereins und seiner Gründer. Und der beginnt natürlich in der Nähe des Borsigplatzes, der bei Meisterfeiern noch heute ein Epizentrum der Begeisterung ist. Oli

Adresse Borsigplatz **Anfahrt** U-Bahn 44 (Borsigplatz). **Tipp** Am Borsigplatz 7 kann man nicht vorbei gehen: Der Nussladen „Muskara" lockt mit original türkischen Knabbereien, gerösteten Kichererbsen, Nüssen, Pistazien, Kernen und Trockenobst. Anschließend unbedingt durch die nördlich gelegenen Straßen wie Robert- und Flustraße mit ihren schönen Gründerzeit-Häusern spazieren.

005 Brückstraßenviertel

Hunger mitten in der Nacht? Kein Problem. In der Brückstraße kann man auch nachts um 3 Uhr noch satt werden. Sie
ist das Revier der Nachtschwärmer und Paradiesvögel. Als
junges Viertel vermarktet sich das Quartier zwischen Burgtor
und Reinoldikirche. Denn auf den wenigen hundert Metern
gibt es neben Döner- und anderen Imbissbuden jede Menge
schräge Mode- und Szeneläden. Und auch wer auf Piercings
oder Tattoos steht, wird hier bestens bedient.

Kaum zu glauben, dass die Brückstraße auch eine der ältesten Straßen der Stadt ist. Denn Dortmund entstand vor
mehr als 1130 Jahren an der Kreuzung von Hellweg als Ost-
West-Achse und einer Nord-Süd-Verbindung – markiert von
der Reinoldikirche. Handwerker und Gasthöfe siedelten sich
hier an. Mit der Industrialisierung wurde die Brückstraße zur
Verbindung zum Dortmunder Bahnhof am Burgtor. Ein ide-
aler Platz also für eine Vergnügungsmeile. Hier standen die
ersten Kinos der Stadt, Tanzcafés und Konzerthäuser.

Mit dem Niedergang der Kinokultur ab den 1960er Jahren
begannen die Probleme des Brückstraßen-Viertels. Bars und
Sex-Shops bescherten der Straße einen zweifelhaften Ruf,
gegen den das Viertel bis heute ankämpft. Das moderne
Konzerthaus, das die Stadt an die Stelle eines alten Kinopa-
lastes setzte, sowie das Orchesterzentrum brachten Kultur
und neue Gäste in die Straße.

So ganz zusammengewachsen sind die Hochkultur und das
junge Viertel allerdings noch nicht. Doch vielleicht macht ja
auch gerade dieser Kontrast den Reiz der Brückstraße aus.
Oli

Adresse Brückstraße **Anfahrt** U-Bahn 42, 43, 44, 46 (Reinoldikirche)
Tipp Der „Kartoffel-Lord" an der Gerberstraße 1 ist seit 25 Jahren
ein orientalisch-vegetarischer Imbiss mit Kult-Charakter. Berühmt
ist der „Arabic", eine Erfindung des Hauses: Warme Tofu-Würfel
im Fladen mit würziger Sauce. Der „Vegilicious Veggie Shop" am
Bissenkamp 11-13 war der erste vegane Supermarkt Deutschlands,
nebenan befindet sich ein veganes Café.

006 Flughafen

Vor Jahr und Tag wohnte ich in Dortmund-Aplerbeck. Parallel zur Straße verlief eine Einflugschneise des Flughafens. Das war zu bestimmten Tageszeiten kein Verwöhnprogramm. Doch man gewöhnt sich an manches. Das Gerangel um längere Start- und Landebahnen, Betriebszeiten oder wirtschaftliche Verluste ist lokales Dauerthema.

Tatsache ist: Es ist praktisch, wenn man quasi vor der Haustür nach Mallorca, Ibiza, Antalya, London oder Danzig aufbrechen kann. Mehr als 40 Ziele lassen sich von Dortmund aus direkt anfliegen. Dortmunds Airport hat den Vorzug der kurzen Wege und der Übersichtlichkeit. Außerdem ist's immer schön, wenn man den Ruhrgebiets-Rivalen Essen mal wieder hinter sich lässt. Und das war übrigens auch vor dem Krieg der Fall: Schon Ende der 1920er Jahre gingen mehr Linienflüge über den 1926 gegründeten Dortmunder Flughafen als über Essen und Düsseldorf. Als 1930 das Luftschiff „Graf Zeppelin" auf dem damals in Brackel gelegenen Areal landete, sahen 120.000 Menschen zu.

Bei passablem Wetter lohnt sich ein Ausflug nach Dortmund-Wickede. Im Flughafenrestaurant mit Blick aufs Vorfeld oder auf der Aussichtsterrasse wird man gastronomisch versorgt. Wer hinter die Kulissen schauen will, bucht eine Flughafenführung – mit Besuch bei der Feuerwehr, in den Hangars und einer Fahrt übers Rollfeld. Mit dem „Roten Baron" kann man für einen Rundflug in die Luft gehen. Und wer gut zu Fuß ist, umwandert das ganze Gelände.

Man muss sich übrigens nicht alle 20 Sekunden den Hals verrenken, denn Starts und Landungen folgen einem gemächlichen Rhythmus, pro Tag sind es im Schnitt 83 Flugbewegungen. Klingt doch gemütlich, oder? bke

Adresse Flughafenring 11, www.dortmund-airport.de **Anfahrt** Bus (Airport-Express ab Hauptbahnhof) oder Pkw: A 44, B 1 Abfahrt Holzwickede/DO-Flughafen **Tipp** Anderthalbstündige Führungen (Erwachsene 7,20 Euro, Kinder 3,60 Euro) lassen sich über die Webseite buchen, ebenso Arrangements für Kindergeburtstage. Rund 100 Euro kostet ein Rundfug über Dortmund in einem nostalgischen Doppeldecker (von April bis Ende Oktober, www.hot-air-balloon.de)

007 Friedensplatz

Hier schlägt das Herz von Politik und Verwaltung in Dortmund. Und es trifft, im Wortsinn, Stadtgeschichte aufeinander. Denn zwischen dem Bau des Alten Stadthauses auf der Ostseite und des Rathauses gegenüber liegen 90 bewegte Jahre.

Auch der Platz selbst hat eine bewegte Geschichte hinter sich. Nach den Zerstörungen im Zweiten Weltkrieg entstand hier zunächst der Neue Markt, auf dem der zentrale Wochenmarkt stattfand. Das Stadthaus mit seiner schönen Fassade von 1899 war eines der wenigen Gebäude, das den Krieg einigermaßen unversehrt überstanden hatte. Der nördliche Gebäudeteil entstand um 1933, das Hochhaus im Süden nach dem Krieg. 1954 wurde es als Hauptsitz der Stadtverwaltung eröffnet. Die gläserne Berswordthalle verbindet seit 2002 den alten und neuen Teil des Stadthaus-Komplexes. Sie wurde nach der alten Patrizier-Familie Berswordt benannt, deren Hof im Mittelalter an dieser Stelle lag.

Im Alten Stadthaus tagte lange Zeit der Rat der Stadt. Doch irgendwann wurde es der Politik zu eng. 1989 entstand deshalb ein neues Rathaus – und mit ihm der Friedensplatz. In seiner Mitte steht die Friedenssäule der Bildhauerin Susanne Wehland, die ein Zeichen für Völkerfreundschaft setzen soll. Auf der Säule ist das Wort Frieden in allen Sprachen der damaligen Dortmunder Partnerstädte zu lesen.

Bekannt und beliebt ist der Friedensplatz aber vor allem als Schauplatz für Veranstaltungen – vom jährlichen Micro-Festival bis zum „Public Viewing" bei Fußball-Großereignissen. Unvergessen sind die BVB-Jubelfeiern zu Pokalsiegen und Meisterschaften. Und beim Sommermärchen zur Fußball-WM 2006 trafen sich zum „Rudelgucken" die Gäste aus aller Welt im „Stadion Friedensplatz". Oli

Adresse Friedensplatz
Anfahrt U-Bahn 41, 42, 45, 46, 47, 49 (Stadtgarten)

008 Großmarkt

Wenn in der Großmarktschänke das letzte Bier über den Tresen wandert, gehen nebenan schon zahlreiche Apfelsinenkisten über die Theke.

Bereits Ende des 19. Jahrhunderts begannen in Dortmund erste großmarktähnliche Entwicklungen. 1922 ließ die Stadt den ersten geschlossenen Großmarkt bauen. Nach seiner Zerstörung im Zweiten Weltkrieg wurde der Großmarkt 1951/52 auf dem Gelände des Dortmunder Südbahnhofs neu angelegt. Seine Markthallen im Pavillonstil galten damals als logistische Innovation. Hinten wurde die Ware über Bahngleise angeliefert und vorne verkauft.

Mittlerweile wird die Ware auf dem knapp sechs Hektar großen Areal am Heiligen Weg nur noch per LKW geliefert – rund 200.000 Tonnen pro Jahr. Der Dortmunder Großmarkt, seit 1976 privatisiert, ist vor allem als Umschlagplatz für frischen Fisch bekannt. Genau wie die 22 Großhändler ist auch die Ware international: die Flugmangos aus Afrika, der Frischfisch aus Australien. Abnehmer sind unter anderem der Einzelhandel, die Gastronomie, Krankenhäuser und Kantinen. Insgesamt versorgt der Großmarkt bis zu 3,5 Millionen Menschen vom Ruhrgebiet bis ins Rheinland.

Wenn morgens um 3 Uhr die Händler am Pförtnerhaus vorbei in die Verkaufshallen strömen, wird nebenan in der Großmarktschänke noch gefeiert. Aus der Traditionskneipe, in der früher Akademiker, Zuhälter und BVB-Spieler gemeinsam am Tresen saßen, ist ein Club mit 60er-Jahre-Flair geworden. Ganz im Zeichen des legendären Wohnzimmerclubs Cosmotopia wird am Wochenende zu Funk, Soul, Disco-Klassikern, HipHop oder Rock auf dem Teppich getanzt. NF

Adresse Heiliger Weg 60g, www.grossmarkt-dortmund.de **Anfahrt** U-Bahn 41, 45, 47, 49 (Stadthaus); Verkaufszeiten: mo bis sa 3-11 Uhr, Besichtigung nur in Gruppen nach vorheriger Anmeldung, Tel. 0231-522143. Öffnungszeiten Großmarktschänke: fr/sa ab 22 Uhr (bei Veranstaltungen) **Tipp** Jeden ersten Samstag im Monat findet ab 22 Uhr die Cosmotopia Sause statt. Auf zwei Floors gibt es Funk, Soul, Oldschool HipHop, Rare Grooves, Beat und Swing. Bei schönem Wetter ist auch der Außenbereich geöffnet. www.club-cosmotopia.de

009 Hafen

Wie ein Leuchtturm wirkt die Spitze des Alten Hafenamtes. Es ist das stolze Symbol des größten Kanalhafens in Europa und steht für den Aufstieg Dortmunds zur Großstadt. Der Anschluss ans Meer war ein Meilenstein für die industrielle Entwicklung der Stadt.

In nur sieben Jahren Bauzeit entstand der Dortmund-Ems-Kanal als 265 Kilometer lange Wasserstraße bis zur Nordsee. Zur Hafeneröffnung im August 1899 kam Kaiser Wilhelm II. persönlich nach Dortmund. Für ihn war eigens ein holzgetäfeltes Kaiserzimmer im Turm des Hafenamtes eingerichtet worden, das der Monarch allerdings nie betrat. Heute kann man sich dort das Ja-Wort geben und in den altehrwürdigen Räumen des von Stadtbaurat Friedrich Kullrich geplanten Gebäudes eine Ausstellung zu Hafen und Schifffahrt besichtigen.

Wer den Hafen erkunden will, steigt am besten am Anleger gleich gegenüber vom Alten Hafenamt in die Santa Monika. Das Ausflugsschiff bietet Hafen-Rundfahrten und Touren bis zum Schiffshebewerk in Henrichenburg.

Die Zeiten, als die Binnenschiffe in Zweier- und Dreier-Reihen am Hafenkai anlegten, sind freilich lange vorbei. Maximal 3000 Schiffe werden noch pro Jahr be- und entladen. Hauptfracht sind nicht mehr Erz und Kohle, sondern Schrott, Baustoffe – und Container. Das Containerterminal mit großen Verladebrücken prägt heute das Bild des Hafens. Die meisten rollen allerdings per Lkw oder Zug an. Trotzdem ist der Hafen als Sitz für 160 Unternehmen weiterhin ein wichtiger Industriestandort. Der Versuch, eine kreative Hafenszene zu schaffen, ist dagegen in ersten Ansätzen stecken geblieben. Die Kneipe „Hafenglück" lockt mit Strandbar-Atmosphäre zu Füßen des Alten Hafenamtes, weiter nördlich kann man im Kneipenschiff „Herr Walter" feiern und den Blick übers Wasser genießen. Oli

Adresse Sunderweg 130 (Altes Hafenamt), www.dortmunder-hafen.de **Anfahrt** U-Bahn 47, 49 (Hafen) **Tipp** Die Ausstellung im Alten Hafenamt ist geöffnet sa, 14-17 Uhr und so, 10-13 Uhr, Eintritt frei. Die Santa Monika fährt von Mai bis Oktober (Fahrplan unter www.santamonika.de). Hafenführungen unter www.kultur-vergnuegen.com. Wer werktags kommt, sollte die „Hafenschänke", Kanalstraße 20 besuchen. Dort gibt es Hausmannskost für Hafen-arbeiter, Lkw-Fahrer und Kapitäne, zubereitet von einem ehemaligen Spitzenkoch.

010 Kaiserstraßenviertel

Als „angesagtes" Quartier wird keine Dortmunder Ecke dem Kreuzviertel so schnell den Rang ablaufen. Doch wenn's auch weniger Lokale, dafür aber zumindest abends deutlich mehr Parkplätze und ähnlich schöne Straßen sein dürfen, dann empfiehlt sich das ebenso citynahe Kaiserstraßenviertel. Wer einmal in diesem Kiez wohnt, der zieht allenfalls wehmütig wieder weg.

Im Kaiserviertel liegen zwei markante historische Großbauten, nämlich das mächtige Landgericht in der Kaiserstraße und das gleichermaßen wuchtige, ehemalige Oberbergamt in der Goebenstraße. Dazwischen finden sich etliche gediegene, teilweise gut erhaltene Bürgervillen und Jugendstilhäuser, die jeder deutschen Stadt gut anstehen würden. Eigentlich kein Wunder, dass sich auch das italienische Konsulat in diesem Ambiente angesiedelt hat. Auswärtige Besucher wundern sich nicht selten, dass es „so etwas" auch in Dortmund gibt. Ja, sieh mal an …

Der Geschäftsmix in der Kaiserstraße ist vielfältig. In letzter Zeit haben sich beispielsweise ein Edelitaliener und schicke Cafés niedergelassen. Auch die Tatsache, dass jetzt schon mehrere Weinhandlungen konkurrieren, deutet auf ein teilweise „gehobenes" Publikum hin. Dennoch ist das Viertel rund um den altehrwürdigen Kaiserbrunnen keineswegs abgehoben, sondern insgesamt durchaus bodenständig.

Eine rührige Werbegemeinschaft veranstaltet alljährlich im September das Kaiserstraßenfest, zu dem Zehntausende kommen. Dann ist es hier für ein Wochenende ziemlich laut. Doch wer an Sommersonntagen kommt, der hört von den alten Bäumen die Vögel zwitschern. Mitten in der Stadt. bke

Anfahrt U-Bahn 43 (Ostentor, Lippestraße oder Funkenburg) **Tipp** Das Kaiserstraßenviertel steckt voller Kunst. Geführte Rundgänge informieren über die Skulpturen, Brunnen und Denkmäler im öffentlichen Raum. Termine unter www.dortmund.de/de/freizeit_und_kultur/museen/kior

„Am besten pur & gut gekühlt, auf Eis, oder als Longdrink"

Longdrinks:

Milchmann
4 cl Bachmann, Eiswürfel, auffüllen mit kalter Milch, auf Wunsch etwas Vanillinzucker dazugeben

Herrenlimo
4 cl Bachmann, Eiswürfel, auffüllen mit Ginger Ale, 2 dünne Scheiben Schlangengurke, auf Wunsch ½ Orangenscheibe

Bachmann Apfel
4 cl Bachmann, Eiswürfel, auffüllen mit Apfelsaft, mit Apfelspalte dekorieren

Bacoco
4 cl Bachmann, 2 cl Cocoslikör, crushed Ice, und Milch in eine Cocktailschale

Bachmann Orange
4 cl Bachmann, Eiswürfel, mit Orangensaft auffüllen

Soft Mann
4 cl Bachmann, 2 cl Mandellikör, auffüllen mit kalter Milch

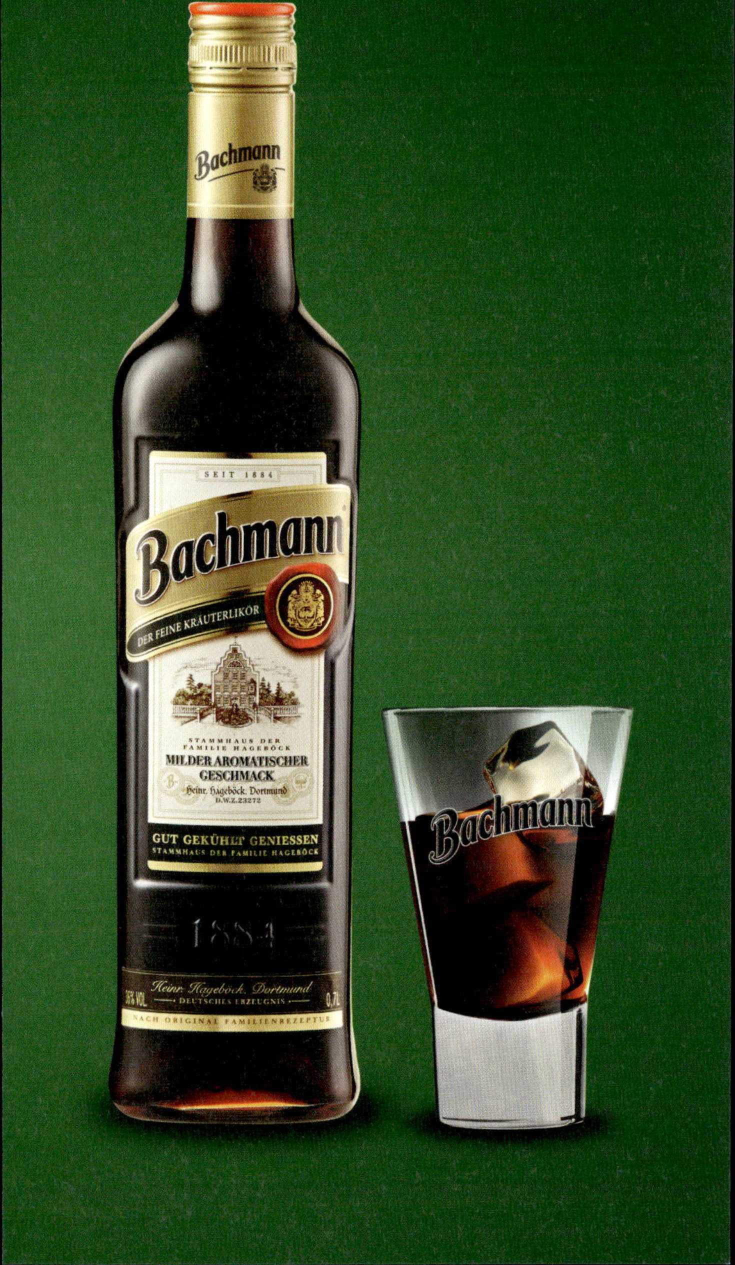
Bachmann
SEIT 1884
Bachmann
DER FEINE KRÄUTERLIKÖR
STAMMHAUS DER FAMILIE HAGEBÖCK
MILDER AROMATISCHER GESCHMACK
Heinr. Hageböck, Dortmund
GUT GEKÜHLT GENIESSEN
STAMMHAUS DER FAMILIE HAGEBÖCK
1884
Heinr. Hageböck, Dortmund
DEUTSCHES ERZEUGNIS
0,7L
NACH ORIGINAL FAMILIENREZEPTUR
Bachmann

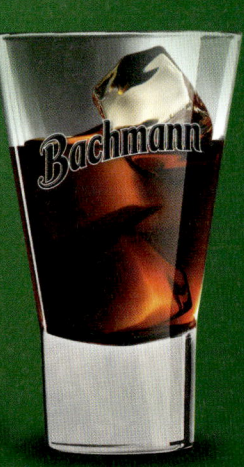

011 Kreuzviertel

Manche Leute vergleichen es mit dem Pariser Quartier Latin oder dem Londoner Szene-Viertel Notting Hill. Ganz so weltstädtisch geht es nicht zu zwischen Hoher Straße und Große Heimstraße, Möllerbrücke und B 1. Das Kreuzviertel in der westlichen Innenstadt mit seinen schönen Altbau-Fassaden und mächtigen Straßenbäumen ist die westfälische Ausgabe eines Szene-Quartiers, aber umso l(i)ebenswerter.

Wer dort wohnt, spricht gern vom Dorf in der Stadt. Man kennt sich, trifft sich in den zahlreichen Kneipen, besonders wenn die Stühle draußen stehen. Selbst an Wochentagen ist in den Frühstücks-Cafés kaum ein Platz zu bekommen. Dazu gibt es eine lebendige Künstlerszene und viele interessante Läden – von der Geigenbau-Werkstatt über einen englischen Buch-Shop bis zum Designer-Laden.

Das Viertel, benannt nach der 1916 geweihten Heilig-Kreuz-Kirche, entstand um die Jahrhundertwende als Wohnviertel für Beamte – entsprechend repräsentativ wurden die Häuser oft mit Historismus- und Jugendstil-Elementen gestaltet. Viele von ihnen haben sowohl den Zweiten Weltkrieg wie auch die Sanierungswut späterer Jahrzehnte überstanden. In den 1970er-Jahren zogen viele Studenten in das Viertel, das auch die Zentrale der Fachhochschule beherbergt und kurze Wege zur Uni bietet. Später wurde es von einer zahlungskräftigen Klientel als gehobenes Wohnquartier entdeckt.

Heute gibt es eine Mischung aus Alteingesessenen, Akademikern, Künstlern und Studenten. Spötter sprechen auch vom Lehrer-Biotop, das einen idealen Nährboden für Cafés oder Naturkost-Läden bietet.

Alle zwei Wochen färben sich die Straßen schwarz-gelb, wenn zehntausende BVB-Fans in Richtung Signal Iduna Park ziehen und auf Hin- und Rückweg in einer der zahlreichen Kneipen hängenbleiben. Oli

Anfahrt U-Bahn 42 (Kreuzstraße oder Möllerbrücke). Die Anreise per Auto empfiehlt sich mangels Parkplätzen nicht. **Tipp** Jährlich im Sommer und im Winter lädt das Quartier zu „Kreuzviertel bei Nacht". Die Geschäfte haben bis Mitternacht geöffnet, das ganze Viertel ist illuminiert (www.kreuzviertelbeinacht.de).

012 „Negerdorf"

Zwischen Bäumen und Gärten am Fuße der Emscher liegt die Siedlung mit ihren zweigeschossigen, gelben Zechenhäusern. Hier herrscht gut Nachbarschaft. Es gibt zwar auch einen Spielplatz im „Negerdorf", doch der ist eigentlich nicht nötig, denn die Kinder können überall spielen. Wie ein Dorf mitten in der Stadt ist die Dorstfelder Siedlung.

Das liegt zum einen daran, dass sie sich tief in eine Senke an der Emscher schmiegt. Zum anderen ist die Ansiedlung von schmucken Zechenhäusern auch verkehrsmäßig nicht ganz so gut angebunden: Steuert man sie vom Hahnenmühlenweg an, muss man durch einen engen Tunnel. Von der Straße Am Mühlenweg bremst eine Absperrung an der neuen Emscherbrücke den Autofahrer jäh.

Früher war eine fixe Abkürzung von Dorstfeld in die westliche Innenstadt durch die Siedlung gang und gäbe, doch das ist nun vorbei. Das freut sicher die Bewohner, denn dort können die Kinder nun ungestört auf den Straßen spielen. Aber sie sehen es auch mit Sorge, denn ein Emscherhochwasser 2008 spülte die kleine Gemeinschaft in die öffentliche Aufmerksamkeit und zerstörte viel Hab und Gut. Und sie zerstörte auch das Idyll, denn seitdem fürchten die Bewohner, dass die Feuerwehr sie im Zweifel nicht rechtzeitig erreicht.

Der Name „Negerdorf" geht auf die ehemaligen Bewohner der Arbeitersiedlung zurück. Die meisten von ihnen arbeiteten auf der Zeche Tremonia. Da diese aber keine eigenen Waschkauen hatte, mussten die Bergleute ungewaschen ihren Heimweg antreten. gl

Adresse Am Mühlenberg, Emscherpfad, Im Wiesengrund, Oster-mannstraße **Anfahrt** S-Bahn 1/21 (Dortmund-Dorstfeld-Süd)

013 Nordmarkt

Wer sich ein Bild vom Nordmarkt machen will, sollte ihn an einem der Markttage besuchen. Jeweils dienstags und freitags lockt dort ein quirliges und basarähnliches Treiben. Neben Obst und Gemüse bieten die Händler zunehmend Textilien, Schuhe und Haushaltswaren für wenig Geld.

„Nordmarkt" bezeichnet jedoch nicht nur den Wochenmarkt, sondern den Platz, auf dem er stattfindet, inklusive des Viertels drumherum. Ein Viertel der Kontraste: Es gibt dort viele Probleme, vor allem mit Drogen- und sonstiger Kriminalität. Das Viertel hat aber auch Potential: Rund um den Nordmarkt finden sich wunderschöne Häuser aus der Jahrhundertwende, internationale Gastronomie, szenige Lokale, das Programmkino „Roxy" und Künstler-Ateliers.

Ein heißes Pflaster war der Nordmarkt schon immer: Der rechteckige Platz, 1909 als Stadtpark angelegt und nach dem Ersten Weltkrieg in „Platz der Republik" umbenannt, war in der Weimarer Republik Anlaufpunkt für Demonstrationen. Als 1920 die Freikorps-Soldaten putschten, töteten sie am Nordmarkt einen Arbeiter und spießten seinen Kopf auf einen Pfahl. Zwölf Jahre später erschoss die Polizei während einer Auseinandersetzung zwischen SA-Leuten und Kommunisten versehentlich zwei Passanten. Ein weiteres Nordmarkt-Opfer war „Opa Wille", ein älterer Kommunist, der sich geweigert hatte, die Hakenkreuzfahne zu grüßen und zu Tode geprügelt wurde. Ein Gedenkstein erinnert an ihn. Aus dem „Platz der Republik" wurde der Horst-Wessel-Platz, seit Ende des Zweiten Weltkriegs heißt er wieder „Nordmarkt".

Heute lockt dort abends das Szene-Café „Salon Fink" ein kreatives und alternatives Publikum an (www.salon-fink.de). Tagsüber trifft man auf dem Nordmarkt nicht nur Alkoholiker auf Parkbänken, sondern auch viele Kinder auf dem schönen Spielplatz. Es ist eben ein Platz der Kontraste. ds

Anfahrt U-Bahn 41 (Münsterstraße) oder 42 (Brunnenstraße) **Tipp** Die Braunschweiger Straße geht nördlich vom Nordmarkt ab. Beim Spaziergang über die Allee mit vielen Häusern aus der Jahrhundertwende wird klar, warum viele Menschen trotz aller Probleme des Viertels dort gerne leben. Stadtweit wegen seiner hervorragenden Küche gerühmt wird „Jankas Lokal und Biergarten" in der Nummer 11 (www.jankas-lokal.de, di bis sa 18-23 Uhr, unbedingt reservieren).

014 Siedlung Oberdorstfeld

Im Stil einer Gartenstadt schuf Architekt Oskar Schwer zwischen 1913 und 1919 im Auftrag der Zeche Dorstfeld den ersten Teil der alten Werksiedlung Oberdorstfeld – aus einem Guss und doch abwechslungsreich, aus heutiger Sicht gar malerisch. Großzügige Gärten boten Raum für Gemüseanbau, Kaninchenzucht oder Taubenschläge.

In weiteren Bauabschnitten wurde die Werksiedlung auf insgesamt elf Wohnblocks erweitert. Auf einer Gesamtfläche von rund einem Quadratkilometer fanden über 1200 Kumpel mit ihren Familien eine Heimat. Die Bauten des Berliner Architekten Otto Rudolf Salvisberg aus Jahren 1920 bis 1926 an Wittener Straße, Lange Fuhr und Beckstedtweg weisen noch die Merkmale der Gartenstadt auf, später kamen zweigeschossige Mehrfamilienhäuser als große Häuserblöcke bzw. -reihen hinzu. An die Zeche Dorstfeld erinnern noch die umgebauten Kauen- und Verwaltungsgebäude an der Oberbank/Ecke Wittener Straße. Dort ist heute das Creativzentrum der Volkshochschule untergebracht.

Das Haus Schulte-Witten im so genannten Unterdorf (Wittener Straße 3) gehört nicht zur Siedlung; es gehörte Großgrundbesitzern, die durch den Verkauf ihrer Ländereien an die Zechengesellschaft reich wurden. Heute gehört das um 1880 entstandene Herrenhaus der Stadt, ein Jugendliteraturzentrum und die Stadtteilbibliothek sind darin untergebracht, außerdem kann man dort heiraten.

In der Siedlung wohnen heute keine Kumpel mehr. Gerade die Einfamilienhäuser sind sehr begehrt. Mit der Umwandlung in Eigentum investierten die Besitzer – manchmal zu Lasten der alten Bausubstanz. Renovierungen, Aus- und Umbauten drohen das Gesamtbild der (noch) denkmalgeschützten Siedlung zu zerstören. Sie ist Teil der Route der Industriekultur. gl

Adresse Zur Siedlung gehören Am Rode, Dickebankstraße, Fritz-Funke-Straße, Hügelstraße, Karlsglückstraße, Knappenstraße, Kometenstraße, Lange Fuhr, Sengsbank, Wittener Straße, Zechenstraße und Zollvereinstraße **Anfahrt** Bus 465, 466 (Sengsbank), Linien 447 (Oberbank), S-Bahn 1/21 (Dortmund-Dorstfeld-Süd)

015 Technische Universität

Das Wort Uni-Campus kann man wörtlich nehmen. Denn die Universität liegt tatsächlich auf einem Feld. Genauer gesagt auf vielen Feldern.

Zwischen Barop, Eichlinghofen und Dorstfeld wurde die Hochschule in den 1960er Jahren aus dem Boden gestampft. Es war die Zeit des Hochschul-Baubooms – wobei die Nachbarstadt Bochum das Rennen um den ersten Uni-Standort im Ruhrgebiet gewann. Nachdem der Uni-Betrieb auf dem Campus Süd in Eichlinghofen 1968 begonnen hatte, entstand der Großteil der Gebäude im Norden. Und seitdem wächst der Campus permanent. Auch die Fachhochschule ist inzwischen mit mehreren Fakultäten vor Ort und macht aus dem Uni- einen Hochschul-Campus. In den vergangenen Jahren sind viele neue Gebäude entstanden, um die wachsende Zahl an Studierenden unterbringen zu können. Allein an der Technischen Universität, wie sie seit November 2007 offiziell heißt, studieren inzwischen 30.000 junge Menschen in 16 Fachbereichen. Nirgends gibt es mehr Informatik-Studierende als hier. Aber auch die Lehrer-Ausbildung hat weiter einen hohen Stellenwert.

Dass die Uni als Motor des Strukturwandels gilt, hat vor allem mit dem Technologiepark zu tun, der seit Mitte der 1980er Jahre im Westen des Campus gewachsen ist. Hier arbeiten inzwischen mehr als 8400 Beschäftigte in über 200 Firmen. Und auch die Uni selbst ist mit rund 7000 Beschäftigten einer der größten Arbeitgeber der Stadt.

Zu dem Eindruck, dass man in eine andere Welt kommt, wenn man sich von der Innenstadt dem Campus nähert, trägt auch ein futuristisches Verkehrsmittel bei: Die H-Bahn ist ein Symbol für die Innovationskraft der Dortmunder Wissenschaftswelt. Oli

Adresse Emil-Figge-Straße/Vogelpothsweg/Stockumer Straße, www.tu-dortmund.de **Anfahrt** S-Bahn 1/21 (Universität) **Tipp** Der samstägliche Trödelmarkt auf dem Parkplatz an der Emil-Figge-Straße gehört zu den größten der Region. Und: In der Mensa essen darf jeder!

016 Westen- und Ostenhellweg

Goldene Meile wird er genannt. Wer einmal samstags versucht hat, die knapp 2000 Meter zwischen Westentor und Ostentor abzulaufen, weiß warum. Hier drängeln sich die Einkaufsbummler dicht an dicht. Sie kommen aus Sauer- und Münsterland, zur Weihnachtszeit sogar aus Holland, Belgien oder England. Mittendrin hoffen Straßenmusiker und Aktionskünstler auf ein gutes Geschäft.

Regelmäßig landet der Westenhellweg mit diesem Strom an Menschen unter den Top-Einkaufsstraßen in Deutschland mit der höchsten Passanten-Frequenz; für Ladenlokale werden Spitzenmieten gezahlt. Und auch die Thier-Galerie als neuer Einkaufstempel – mit einem Eingang am Westenhellweg – hat den Andrang nicht bremsen können.

Der Hellweg in Dortmund hat Geschichte. Als historische Handelsstraße vom Rhein bis zur Weser, über die schon Karl der Große zog, war er ein wichtiger Faktor für die Stadtgründung im Mittelalter.

Mit der Industrialisierung wurden Westen- und Ostenhellweg zur Einkaufs- und Vergnügungsmeile, die Häuser wuchsen. 1904 eröffnete mit dem Kaufhaus Althoff das damals größte Warenhaus in Westfalen – das heutige Karstadt-Haus. Weitere Einkaufstempel folgten.

In der Zeit des Wiederaufbaus nach dem Zweiten Weltkrieg ging es nahtlos weiter. Erst recht, nachdem Westen- und Ostenhellweg 1964 zur Fußgängerzone umgestaltet wurden. Wer das Gedränge nicht nur an Samstagen kennt, weiß, dass für Autos ohnehin kein Platz mehr wäre. Oli

Adresse Westenhellweg, Ostenhellweg
Anfahrt U-Bahn-Stationen Kampstraße und Reinoldikirche

017 Adlerturm

Am Ostwall reisen die Dortmunder und Besucher der Stadt zurück in die Vergangenheit. In eine Zeit, als Dortmund noch von einer Stadtmauer umringt war und in Türmen über die Sicherheit der Stadt gewacht wurde. Eine Zeit, in der Dortmund eine reiche und bedeutende Hansestadt war. Im Adlerturm erleben die Besucher das mittelalterliche Dortmund. Der Wachturm am Ostwall/Ecke Kleppingstraße wurde im 14. Jahrhundert errichtet. Die Wächter beschützten die Stadt vor Feinden und schlugen bei Feuer Alarm. Der Adlerturm, wie er heute im Stadtbild zu sehen ist, ist allerdings nur eine Rekonstruktion. Denn vor gut 200 Jahren, als die Stadtmauer längst abgerissen war, wurde auch der Turm dem Erdboden gleich gemacht – fast. 1983 stießen Bauarbeiter auf die Grundmauern des ursprünglichen Gebäudes. Diese wurden archäologisch erforscht – und sind auch heute noch zu sehen. Denn der rekonstruierte Turm wurde 1990 auf den Original-Fundamenten errichtet. Das 30 Meter hohe Gebäude steht auf Pfeilern, so dass auch die erhaltene, 700 Jahre alte Bausubstanz sichtbar ist.

Das Museum im Turm erzählt kindgerecht die Geschichte Dortmunds im Mittelalter. Artur, der Wächter des Adlerturms, führt die jungen Entdecker durch die fünf Etagen. Helme, Rüstungen und Werkzeuge stehen bereit zum Anprobieren. Mit Playmobilfiguren wird das Mittelalter nachgespielt. Die Reise in die Vergangenheit lohnt sich aber auch für Erwachsene. joo

Adresse Ostwall 51a, www.dortmund.de/adlerturm **Anfahrt** U-Bahn 41, 45, 47, 49 (Stadthaus) oder 41, 42, 45, 46, 47, 49 (Stadtgarten); geöffnet di/mi, fr 10 bis 13 Uhr, do+so 10 bis 17 Uhr, sa 12-17 Uhr **Tipp** Jeden ersten Sonntag im Monat gibt es eine Führung von Kindern für Kinder durchs Adlermuseum.

018 Das Apothekenmuseum

Acht Meter unter der Erde am „Alten Markt" liegen Schätze. Wer sie entdeckt, erlebt eine Zeitreise zurück bis ins tiefste Mittelalter. In eine Zeit, als Apotheker noch Schlangenhaut für reine Haut und Muscheln und Korallen für starke Knochen verabreichten. Das Apothekenmuseum in Dortmund ist vermutlich die größte private pharmazeutisch-historische Sammlung Deutschlands. Sie liegt direkt unter der 1322 erstmals urkundlich erwähnten Adler-Apotheke im denkmalgeschützten Gebäude.

Über 6000 Exponate bieten spannende Einblicke in die Pharmaziegeschichte aus über fünf Jahrhunderten – von der Kräuterkammer bis zum computergesteuerten Warenlager. Auf 130 Quadratmetern hat die Apothekerfamilie Ausbüttel eine historische Apotheke aufgebaut, die nicht nur das pharmazeutisch oder medizinisch interessierte Fachpublikum begeistert. Bei einem Gang durch den holzvertäfelten Verkaufsraum, die historischen Vorratskammern, die Bibliothek und das Labor stößt man zum Beispiel auf eine Pestmaske aus dem Mittelalter, gruselige tierische Arzneimittel und historisch-technische Geräte, die staunen lassen. Je nach Interesse öffnet Museumsführerin Monika Fritzsch auch Vorratsdosen und lässt die Besucherinnen und Besucher an Moschus oder Teufelsdreck schnuppern, oder die Gäste legen selbst Hand an und produzieren kleine Pillen. So ist jede Führung anders und ein Besuch immer wieder eine neue Entdeckung. pid

Adresse Markt 4, www.apotheken-museum.de **Anfahrt** U-Bahn 42,
43, 44, 46 (Reinoldikirche); Führungen (1 Stunde, max. 10 Personen)
nur nach Vereinbarung unter Tel. 0231-7223606 (Monika Fritzsch):
mo-sa, 8 bis 18 Uhr; Eintritt: 5 Euro (Erw.), 2,50 Euro (Schüler/
Studenten). Gutscheine für einen Besuch im Apothekenmuseum
sind in allen Ausbüttel-Apotheken erhältlich.

019 Brauerei-Museum

Kaum zu glauben: Mehr als drei Dutzend Brauereien zählte Dortmund in der Hoch-Zeit der Industrialisierung und des großen Bierdursts. Nach dem Zweiten Weltkrieg waren es immerhin noch acht. Übrig blieb eine einzige Großbrauerei, die DAB/Radeberger Gruppe, aus deren Hähnen freilich noch ein halbes Dutzend verschiedener Dortmunder Marken fließen.

Europas größte Bierstadt, als die Dortmund noch in den 1990er Jahren galt, ist Geschichte. Aber die hat gleich neben der letzten verbliebenen Großbrauerei eine würdige Erinnerungsstätte gefunden. Denn im Brauereimuseum ist auf zwei Etagen die mehr als 700-jährige Geschichte der Dortmunder Brauwirtschaft und die Entwicklung des Brauwesens dokumentiert.

Ursprünglich war das Brauereimuseum auf dem Gelände der Kronen-Brauerei beheimatet, die 1996 ihren Betrieb einstellte. Vier Jahre später schloss auch das Brauereimuseum, um im April 2006 mit neuem Konzept an der Steigerstraße in der Nordstadt neu zu eröffnen. Neues Domizil ist das ehemalige Maschinenhaus (von 1912) und die Maschinenhalle der früheren Hansa-Brauerei.

Ein Stück Brauereigeschichte bietet gleich nebenan auch das alte Sudhaus der Hansa-Brauerei, das 1911/1912 im neoklassizistischen Stil gebaut und repräsentativ ausgestattet wurde – mit Wandmosaiken, gewölbten Stuckdecken und kunstvoll gestalteten Armaturen und Lampen. Als einziges noch erhaltenes Brauerei-Sudhaus aus der Zeit vor dem Ersten Weltkrieg ist es eines der bedeutendsten Industriedenkmäler in Dortmund. Heute dient es als Ausgangspunkt für Führungen durch Dortmunds letzte Großbrauerei, Ambiente-Trauort des Standesamtes und Schauplatz für Empfänge. Oli

Adresse Steigerstraße 14, www.brauereierlebnis-dortmund.de
Anfahrt U-Bahn 42 (Glückaufstraße), geöffnet di, mi, fr, so
10-17 Uhr, do 10-20 Uhr, sa 12-17 Uhr, Eintritt 2,50 Euro, ermäßigt
1,25 Euro, Kinder bis 18 Jahre frei **Tipp** Gruppen können im Paket
Führungen durchs Museum sowie durch die Dortmunder Actien-
Brauerei buchen, Bier-Verköstigung inklusive.

020 Dreifaltigkeitskirche/ „BVB-Kirche"

Wohl in keiner anderen Kirche Dortmunds besuchen regelmäßig derart viele schwarz-gelb gekleidete Gläubige den Gottesdienst wie in der Dreifaltigkeitskirche.

Mit der Arbeiter-Zuwanderung wuchs Ende des 19. Jahrhunderts die Zahl der Katholiken rund um den Borsigplatz. Ende 1898 wurde daher der Grundstein für die Dreifaltigkeitskirche gelegt. Unter dem Architekten Johannes Franziskus Klomp entstand in 18 Monaten eine neuromanische Basilika mit markantem Doppelturm. Der Zweite Weltkrieg zerstörte den Bau bis auf die Grundmauern. Hermann Kessemeier, der auch den Wiederaufbau der Petri- und Marienkirche plante, sorgte bis 1954 für einen vereinfachten Wiederaufbau.

Es war jedoch das Ursprungsgebäude, das eine Rolle in der Geschichte des BVB 09 spielt. Junge Stahlarbeiter, die der 1901 gegründeten Gemeinde-Jugend „Jünglingssodalität Dreifaltigkeit" angehörten, spielten in ihrer Freizeit gern Fußball. Kaplan Hubert Dewald hätte das „wilde Treiben" am liebsten verhindert. Unter anderem setzte er sonntags nachmittags eine zusätzliche Andacht an. So kam es zum Bruch – 18 Mitglieder der Jünglingssodalität traten aus und gründeten am 19. Dezember 1909 den Ballspielverein Borussia.

Inzwischen hat sich die Kirche mit dem BVB versöhnt – mehr als das: Seit 2008 beherbergt die Dreifaltigkeitskirche die Dauerausstellung „Kirche – Fußball – Gottvertrauen", die von der Gründung des BVB erzählt. Zahlreiche Fan-Veranstaltungen prägen heute das Gemeindeleben, etwa Gottesdienste zur Saisoneröffnung, BVB-Fankonzerte, schwarzgelbe Martinsumzüge oder Nikolausfeiern und schließlich der Geburtstagsgottesdienst für den BVB, der jedes Jahr am 19. Dezember um 18 Uhr stattfindet. AK

Adresse Flurstr. 10 **Anfahrt** U-Bahn 44 (Vincenzheim), Dauerausstellung geöffnet jeden zweiten Samstag/Monat, 11 - 13 Uhr,
Tel. 0231-813827 **Tipp** Annette Kritzler und Anette Plümpe bieten
regelmäßig Borsigplatz-VerFührungen an, u.a. zu den Spuren des
BVB. Termine und Tickets (12 Euro inkl. Besuch des Hoesch-Museums)
unter 0231-9818860 oder www.borsigplatz-verfuehrung.de.

021 Haus Rodenberg

Dortmund und Adelsgeschlechter – das scheint nicht zu passen. Tatsächlich aber gab es zahlreiche Adelige in der Gegend des heutigen Dortmund. Einer von ihnen war Ritter Diederich von dem Rodenberg. Er lebte Ende des 13. Jahrhunderts in einer Wasserburg, die in einem idyllischen Flüsschen stand – der Emscher. Viel ist nicht bekannt über Ritter Diederich und seine Burg. Nur, dass sie 1422 in einem Krieg zerstört und anschließend von einem seiner Nachfahren wieder aufgebaut wurde.

Mehr als 400 Jahre später, zwischen 1688 und 1698, baute ein anderer Nachfahre, Johann Dietrich Voß von Rodenberg, die Wehranlage in ein barockes Wasserschloss um. Gleichzeitig entstand eine Vorburg samt Wirtschaftsgebäuden, die heute nahezu komplett von einer Gräfte umgeben ist, außerdem ließ er üppige Gärten anlegen. 1755 jedoch war Schluss mit Ritter Diederichs Nachkommen: Die männliche Stammlinie der Familie starb aus. In der Folge wechselte das Schloss mehrmals den Besitzer, wurde allerdings nicht bewohnt und verfiel. Gegen Anfang des 19. Jahrhunderts stürzte das Herrenhaus ein und wurde nicht wieder aufgebaut. Auch die Gärten verkamen, den größten Teil der Ländereien versilberten die Besitzer während der Industrialisierung.

1985 erwarb die Stadt Dortmund das Areal. In den folgenden elf Jahren brachte sie die erhaltene Vorburg und die Gärten wieder in Schuss, dann zog die Volkshochschule mit Seminarräumen ein. Heute finden sich dort außerdem die „Märchenbühne", ein Puppentheater für Kinder und Erzähltheater für Erwachsene, sowie das Restaurant „Castello". Dank der malerischen Kulisse ist Haus Rodenberg auch ein beliebter Ort für Ambiente-Trauungen. Würde Ritter Diedrich sein Haus Rodenberg heute sehen, er hätte sicher seine Freude daran. ds

Adresse Rodenbergstraße 36 **Anfahrt** U-Bahn 47 (Dortmund-Aplerbeck). **Anfahrt** In der Märchenbühne laufen freitags und sonntags Vorstellungen für Kinder, punktuell samstags für Erwachsene, www.die-maerchenbuehne.de

022 Hochöfen Phoenix-West

Sie sind Giganten aus Stahl – die zwei Hochöfen im Westen des Stadtteils Hörde. Knapp 150 Jahre lang wurde hier bis 1998 das Erz verflüssigt und in Form gegossen. Während das Schwester-Stahlwerk Phoenix-Ost komplett demontiert und die Brache zum Phoenix-See wurde, ersann man für Phoenix-West eine andere Nutzungsidee: Die beeindruckenden Zeugen des Stahlstandorts Dortmund bleiben mitsamt anderer noch vorhandener Gebäude erhalten und wurden und werden zum Freizeit- und Gewerbegebiet. Rings um die Hochöfen entstanden Straßen, Wege, Boulevards, Wasserspiele und Plätze. Direkt hinter den Hochöfen haben sich Dienstleister und Technologiefirmen angesiedelt.

Nur wenige Meter von den Hochöfen entfernt liegt die Phoenix-Halle, die 1906 gebaute und sanierte ehemalige Gebläsehalle der Stahlhütte. Derzeit steht die Halle zum Verkauf; gern gesehen werden Investoren aus dem Freizeit- und Veranstaltungsbereich. Denn für Veranstaltungen eignet sich das ganze Areal wunderbar. Das Gelände an den Hochöfen, unter denen auch schon Open Air-Kino stattfand, ist seit 2011 die neue Heimat des beliebtesten Musik-Spektakels „Rock in den Ruinen".

Unter den Hochöfen ist es beeindruckend – auf ihnen erst recht. Wer schwindelfrei ist und die 99 Stufen erklimmt, dem bieten sich vom stählernen Steg 26 Meter über dem Boden atemberaubende Blicke über das Gelände. Der rund 370 Meter lange Skywalk, angelegt auf einer alten Rohrleitung, führt zu den Hochöfen, von denen einer für Besucher zugänglich ist. So erhält heute jedermann in den stählernen Giganten Einblicke, die in der einst „verbotenen Stadt" den Stahlwerkern vorbehalten waren. ds

Anfahrt U-Bahn 49 (Rombergpark). Pkw: „Konrad-Adenauer-Allee" ins Navigationsgerät eingeben. Skywalk einmal monatlich freitags, Kosten 10 Euro, Termine und Tickets über DORTMUNDtourismus

023 Hoeschmuseum

Dass Hoesch und seine Westfalenhütte nicht irgendein Betrieb in Dortmund war, sondern vielen Menschen neben der Arbeit auch Identität, Zusammenhalt und Sicherheit bot, ist keine romantische Floskel.

Essen hatte Krupp, in Dortmund war man stolzer Hoeschianer. 1957 zählten drei Hoesch-Stahlwerke ca. 40 000 Beschäftigte in der Stadt. Heute sind die Feuer erloschen, Öfen, Stahlwerk, Kokerei nach China verschifft. Das Hoesch-Museum im ehemaligen Portierhaus der früheren Westfalenhütte will die Erinnerung an 150 Jahre „Stahlzeit in Dortmund" wach halten.

Hoeschianer kann man dort auch sehen, etwa als Ehrenamtliche beim Museumspersonal. Gerne erklären sie, was gestern war und heute ist. Das Museum spannt den Bogen vom Gründerfieber der Branche bis zur Gegenwart. Dass es 2005 überhaupt eröffnen konnte, liegt auch am großen Engagement der ehemaligen Hoeschianer, die sich in einem Förderverein zusammenschlossen.

Auf Monitoren wird der Weg vom Erz zum Stahl erläutert. Es gibt Proben und Werkzeug zum Anfassen, Schnappschüsse von der Produktion, der Kantine, der Bücherei, der Werkssiedlung. Hoesch leistete sich repräsentative Architektur, ein soziales Gewissen und das Magazin „Werk und Wir": „557 neue Azubis", verkündet ein Titel von 1985.

Vorbei ist die Zeit des Dortmunder Stahls aber nicht: Er wird in modernen Anlagen gewalzt und verzinkt, kommt als High Tech-Produkt in Autos zum Einsatz, wie das Museum an einem halbierten Porsche demonstriert. KUB

Adresse Eberhardstraße 12, www.hoeschmuseum.dortmund.de
Anfahrt U-Bahn 44 (Westfalenhütte); geöffnet di, mi 13-17 Uhr, do
9-17 Uhr, so 10-17 Uhr, Eintritt 1,50 Euro. Führung sonntags um 14.30
Uhr, weitere Führungen nach Vereinbarung unter Tel. 0231-862 59 17

024 Hohensyburg

Stolz blickt Wilhelm I. von seinem hohen Ross hinab ins Ruhrtal. Generationen von Besuchern haben sich zu Füßen des Kaiser-Wilhelm-Denkmals, das an die Reichsgründung 1871 erinnert, fotografieren lassen. Die Hohensyburg ist ohne Zweifel eines der ältesten Ausflugsziele der Stadt. Ein Ort voller Geschichte.

Um die ältesten Überreste zu entdecken, muss man schon sehr genau hingucken. Ein kleiner Erdwall mitten im Dorf erinnert noch an die alte Feste, die Karl der Große im Jahr 775 eroberte. Wenig später entstand die Kirche St. Peter. Sie gilt als älteste Kirche Westfalens und soll von Papst Leo III. im Jahr 779 persönlich geweiht worden sein. Der wildromantische Friedhof lädt mit seinen Grabsteinen aus dem Mittelalter zur historischen Entdeckungstour ein.

Weiter geht's durch die Geschichte zur Burgruine hoch oben auf dem Bergrücken. Die mittelalterliche Burg war um 1100 gebaut und 1287 zerstört worden. Der benachbarte Vincketurm – achteckig und 35 Meter hoch – stammt aus dem Jahr 1875. Auch dieser Aussichtsturm ist ein Beleg, dass die Syburg schon Mitte des 19. Jahrhunderts Besucher anzog. Unter der Ägide von Ludwig Freiherr von Vincke entstand die Parkanlage auf der Hohensyburg.

Selbst die Spielbank Hohensyburg, 1985 eröffnet, liegt auf historischem Grund. Hier endete einst die Syburger Bergbahn, die per Drahtseil und Elektromotor auf schmalen Schienen Besucher von der Syburger Dorfstraße auf die Hohensyburg hievte. Doch schon 1925 stellte sie den Betrieb ein.

Auf der anderen Seite des Burgbergs führt der Syburger Bergbauweg entlang alter Stollen hinab zum Hengsteysee. Geschichte gibt es hier auf Schritt und Tritt. Oli

025 Hörder Burg

Mit ihren Türmchen und Zinnen wirkt sie fast wie ein Märchenschloss. Die Hörder Burg ist ein Blickfang am Hafenkai des Phoenix-Sees – und eine wahre Fundgrube für Historiker. Kaum zu glauben, dass sie einmal der Verwaltungssitz eines mächtigen Stahlunternehmens war.

Ihre Geschichte reicht aber viel weiter zurück, beginnt im 12. Jahrhundert mit einem steinernen Wohnturm, den Graf Eberhard von der Mark um 1300 zu einer Burg ausbaute. Von hier aus wurde die Grafschaft Mark regiert, später war die Burg Sitz des Amtes Hörde. Im Jahr 1840 kaufte der Fabrikant Hermann Diedrich Piepenstock das mächtige Gemäuer und legte auf dem Gelände ein Puddel- und Walzwerk an. Es war der Ursprung der Hermannshütte, aus der das Stahlunternehmen Phoenix hervorging. Für dessen Verwaltung wurde die Hörder Burg zwischen 1894 und 1911 um- und ausgebaut und bekam ihre heutige Gestalt mit vielen historisierenden und romantisierenden Elementen – halt so, wie man sich um die Jahrhundertwende eine mittelalterliche Burg vorstellte.

Zwischen 2008 und 2010 wurde die Burg zumindest äußerlich restauriert. Heute kann man im und am Gemäuer allen Epochen nachspüren: im Turm der mittelalterlichen Geschichte, in den Anbauten der Industriehistorie. Zwischen Burg und Hafen haben Archäologen Fundamente der alten Burgkapelle und weitere Relikte aus dem Mittelalter freigelegt. Und im Westflügel der Burg hat der „Verein zur Förderung der Heimatpflege – 650 Jahre Stadtrechte Hörde" ein uriges Museum zur Hörder Geschichte eingerichtet.

Die ist inzwischen gut erforscht. Die Zukunft der Hörder Burg, zur Zeit im Besitz der Stadt, ist dagegen noch unklar. Die Ideen reichen von Büros bis zum Hotel mit Blick auf den Phoenix-See. Oli

Adresse Hörder Burgstraße 17-18; **Anfahrt** U-Bahn 41 (Hörde Bahnhof) **Tipp** Das Museum zur Hörder Geschichte öffnet jeden ersten Donnerstag im Monat von 16 bis 18 Uhr. Museums-führungen nach Vereinbarung unter 0231-730511 (Willi Garth), www.heimatverein-hoerde.de

026 Immanuelkirche

Ihr Ruf eilt ihr weit über die Stadtgrenzen voraus: „tolle Jugendstilkirche", heißt es, „außergewöhnlich", „atemberaubend". Doch wer vor dem grauen, eher unscheinbaren Bau in Marten steht, ist zunächst ernüchtert. Denn das Äußere mit Eckturm und gehauener Natursteinfassade wirkt sehr zurückhaltend.

Im Inneren jedoch versetzt einen das Gotteshaus in einen Farben- und Ornamentenrausch. Dabei ist die Farbpalette überschaubar: Hellblau und Lindgrün für die Wände, Beige- und Brauntöne für Ornamente und ikonographische Motive, Bodenfliesen in Tomatenrot, Weiß und Gold vor allem an der Orgel. Aber der gesamte Raum ist über und über prächtig gestaltet mit stilisierten Blumen und Blättern, Flechtwerk, griechischen Kreuzen, Spiralformen und Linien. Die großen Fenster aus der Werkstatt Staiger und Weitlich in Köln scheinen wiederum der Industriearchitektur entlehnt worden zu sein.

Nach zweijähriger Bauzeit wurde die Immanuelkirche am 18. März 1908 eingeweiht. Der Wuppertaler Architekt Arno Eugen Fritsche ordnete den Raum um die byzantinisch anmutende Innenkuppel, in deren Mitte ein Rundfenster in farbiger Verglasung eingelassen ist. Der Blick des Besuchers fällt beim Betreten der Kirche sofort auf Taufstein, Altar, Kanzel, Sängerempore und Walcker-Orgel, die gestaffelt übereinander angeordnet sind. Dies entspricht dem „Wiesbadener Programm", das den Kirchraum als Versammlungsraum der Gemeinde begreift – und alles, was von liturgischer Bedeutung ist, ins Zentrum rückt. gl

Adresse Bärenbruch 17-19, 44379 Dortmund **Anfahrt** U-Bahn 44 (Walbertstraße/Schulmuseum) Kirchenöffnung auf Anfrage im Gemeindebüro: Tel. 0231-619777, www.elias-gemeinde.de

Am Rande Das alte Toilettenhäuschen hinter der Kirche sollte beim Neubau des Gemeindehauses Ende der 1990er Jahre abgerissen werden. Doch die Denkmalbehörde machte einen Strich durch diesen Plan. Und so wurde das Häuschen saniert, mit einem Glasgang verbunden und ist nun, was es war: ein Sitzungsraum.

027 Kokerei Hansa

Am eindrucksvollsten ist eine Führung am späten Abend. Wenn die Kohlenband-Brücke, die hoch hinauf auf den Sortenturm führt, bunt leuchtet. Als Lohn für den anstrengenden Aufstieg gibt es aus 40 Metern Höhe einen tollen Panoramablick über das nächtliche Dortmund und natürlich die gewaltigen Anlagen der alten Kokerei Hansa.

Bei einer solchen Führung können die Besucher Industriegeschichte hautnah erleben, erfahren, welche Rolle die Kokereien als Bindeglied zwischen Bergbau und Stahlindustrie spielten. Denn hier wurde die Kohle zu Koks gebacken, der dann die Hochöfen anfeuerte, um Eisen schmelzen zu können. Staunend stehen die Besucher vor den mächtigen Koksbatterien und lauschen beeindruckt, wenn in der Kompressorenhalle die alten dampfgetriebenen Maschinen anlaufen.

Was früher ein schweißtreibender Arbeitsplatz war, ist heute ein eindrucksvolles Museum und Denkmal. Die Kokerei Hansa in Huckarde steht dabei für die durchrationalisierte Technik der späten 1920er-Jahre. Lange Zeit war sie die größte Kokerei im Ruhrgebiet. 1992 wurde sie – rund zehn Jahre nach der benachbarten Zeche Hansa – stillgelegt. Jetzt ist sie Sitz der Stiftung Industriedenkmalpflege und Geschichtskultur und ein Ankerpunkt der Industriekultur-Route durchs Ruhrgebiet.

Ein Besuch lohnt natürlich nicht nur nachts, sondern auch tagsüber. Dann kann man der einzigartigen Industrienatur auf die Spur gehen, die sich auf und rund um die alte Kokerei ausbreitet. Oli

Adresse Emscherallee 11 **Anfahrt** U-Bahn 47 (Parsevalstraße), geöffnet April bis Oktober di-so 10 bis 18 Uhr, November bis März 10-16 Uhr, Eintritt ohne Führung und mit Audioguide 4 Euro. Achtung: Bis ca. Anfang 2014 ist das Gelände wegen Sanierungsarbeiten weitgehend unzugänglich **Tipps** 1. Es gibt Führungen für Ruhrgebiet-Fans, biologisch Interessierte, Technik-Begeisterte, Kinder und Familien (Infos: Tel. 0231-931122-33, www.industriedenkmalstiftung.de). 2. Das Turbokompressoren-Gebäude wurde zu einer Kletterhalle umgebaut (www.kletterhalle-bergwerk.de) 3. Die lichtdurchflutete Waschkaue und die alte Kompressorenhalle kann man auch für Feiern mieten, z.B. für standesamtliche Trauungen.

Kumpel, die ungewaschen nach Hause gehen, und auf den Zechen Dampfkessel ohne Druck – das konnte so nicht weitergehen. Die Geschichte eine der beeindruckendsten Dortmunder Landmarken beginnt bemerkenswert, aber völlig logisch. Mit seinen 2.000 Kubikmetern Inhalt sollte der 1904 gebaute, 57 Meter hohe und 80 Tonnen schwere Wasserturm vornehmlich die Zechen in der Umgebung versorgen. Dort nämlich rauschte das Wasser damals nicht mehr wie gewünscht durch die Leitungen. Nicht nur, dass die Kumpel dreckig nach Hause gehen mussten, weil sie nicht duschen konnten – auch standen die Dampfkessel, die auf den Zechen alles in Bewegung hielten, nicht genügend unter Druck. Man brachte sogar auftretende Typhus-Fälle mit der misslichen Wasserversorgung in Verbindung. Ein neuer Druck- und Wasserausgleichsbehälter musste her. Für genau 85.354 Mark wurde er in Dortmund bei der Firma Klönne gebaut. Ende 1905 ging er in Betrieb.

Damals gehörte der Standort des Turms noch zum Stadtgebiet von Unna, 1928 wurde das Gebiet Dortmund zugeschlagen. Ingenieure definieren den Wasserbehälter wegen seiner Bauart als Barkhausen-Typ, der Volksmund nennt ihn – nach Ortsteil und Form - „Lanstroper Ei". Bis 1980 blieb er in Betrieb. Einige Jahre später ehrte man den rostenden, gusseisernen Turm als Denkmal. In den 1990er Jahren entdeckten Musiker den Turm als hervorragend geeignetes Objekt für Klangperformances. Seit 1997 bemüht sich ein Förderverein um Erhalt und Umnutzung des Turms. Geplant ist, den alten Wasserturm zu sanieren, ihn mit einem Anbau zu versehen und das Ensemble als Qualifizierungs- und Kulturzentrum zu nutzen. Erste Gelder sind bereits bewilligt. Bis dahin kann man sich das Ei leider nur von unten anschauen. ds

Adresse Rote Fuhr **Anfahrt** U-Bahn 42 (Grevel), dann Bus 423 (Grevel Wasserturm). **Tipp** Im Frühsommer kann man im Schatten des Lanstroper Ei Erdbeeren pflücken gehen (Erdbeerfeld Hof Mertin, Bönninghauser Straße 5).

029 Liebfrauenkirche

Ein wenig erinnert sie an einen Friedhof in einem geschlossenen Raum. Eingetaucht in buntes Licht der Fenster, hell und ruhig. Der Ort hat etwas Tröstliches, Klares und vereint die Schönheit eines Gotteshauses mit der Nutzung als Beerdigungsstätte. Die Liebfrauenkirche an der Amalienstraße wurde im November 2010 von einer Pfarrkirche in Dortmunds erste und einzige Grabeskirche umgewidmet. Im Gegensatz zu vielen Kolumbarien, in denen die Urnen in hohen Wandnischen beigesetzt werden, bietet die Grabeskirche ca. 80 cm niedrige Grabfelder, die um die Säulen des Hauptschiffs gruppiert sind. Die Urnenkammern in dunkler Baubronze erinnern in Form und Anordnung an Kirchenbänke und beinhalten Sitznischen, in denen Angehörige verweilen können. Die flache Anordnung der Urnenkammern gibt den Blick auf den eigentlichen Kirchenraum frei. Der Berliner Architekt Volker Staab wollte mit dieser zurückhaltenden Gestaltung die Tradition aufgreifen, Tote nahe bei oder in der Kirche zu bestatten.

Die Grabeskirche Liebfrauen ist zugleich ein Zeugnis der wechselvollen Geschichte der katholischen Gemeinden der Stadt: Im Zuge der Industrialisierung wuchsen sie so stark, dass überall neue Gemeinden entstanden – 1883 wurde Liebfrauen als neugotische Hallenkirche eingeweiht, weil die Mutterkirche zu viele Gemeindemitglieder zählte. Bis 1953 wurde die im Krieg stark beschädigte Kirche originalgetreu wieder aufgebaut. Die Entweihung erfolgte 2008, nachdem die Gemeinde 2006 weniger als 2000 Mitglieder hatte. Von der Originalausstattung aus dem 19. Jahrhundert sind in der Grabeskirche das Joseph-Relief, die Pieta, der Taufbrunnen mit einer Statue des Heiligen Michael und das Missionskreuz von 1900 übrig geblieben. Der Chorraum ist jetzt als Kapelle gestaltet. gl

Adresse Amalienstraße 21a, www.grabeskirche-liebfrauen.de, geöffnet täglich von 10 bis 17 Uhr, Besichtigungstermine für Interessenten nach telefonischer Vereinbarung: Tel. 0231-545045-95

030 Petrikirche

Die 1322 bis 1523 erbaute gotische Hallenkirche beherbergt eines der imposantesten Kunstwerke, das sich in Dortmund aus dem Mittelalter erhalten hat: das „Goldene Wunder", einer der größten aus dem Mittelalter erhaltenen Flügelaltäre. Erschaffen bis 1525 von Antwerpener Handwerkern zeigt der prächtige Altar handgeschnitzte Reliefs und Bilder, die die Vita Christi von der Geburt über die Kreuzigung bis zur Auferstehung darstellen. Man kann jedoch niemals alle Bilder und Skulpturen zugleich sehen: In geschlossener Form und einmal aufgeklappt, also in der ersten Wandlung, zeigt der Altar Gemälde. Erst zwei Mal geklappt entfaltet er seine volle Pracht mit mehr als 450 kostbar vergoldeten, beeindruckend detailliert ausgearbeiteten Skulpturen. Zu sehen ist diese Ansicht jeweils von Anfang Oktober bis zur Karwoche.

Ursprünglich war der Altar im Besitz des Franziskanerklosters in Dortmund. Als das Kloster unter französischer Besatzung 1805 aufgelöst wurde, kaufte die Petrigemeinde den Franzosen das Schmuckstück ab. Den Zweiten Weltkrieg überstand der Altar in einem Kloster, erst 1967 kehrte er zurück, denn St. Petri wurde im Krieg bis auf die Grundmauern zerstört. Der 105 Meter hohe Turm wurde erst 1981 wieder aufgesetzt. Damit ist St. Petri nun weitaus höher als vor dem Krieg: Der Turm war seit einem Einsturz 1752 nicht mehr in dieser Form zu sehen.

Als evangelische Stadtkirche ist St. Petri tagsüber geöffnet. Besucher sind häufig überrascht von der Helligkeit des lichtdurchfluteten Raums ohne feste Bestuhlung. Die Kirche öffnet sich für neue spirituelle Wege und den Dialog mit anderen Religionen. Zum regelmäßigen Angebot in der Kirche gehören Tango-Tanz, Heilungs- und Kraftgesänge oder Kunst-Ausstellungen. ds

Adresse Westenhellweg **Anfahrt** U-Bahn (Kampstraße), geöffnet di-fr 11bis 17 Uhr, sa 10 bis 16 Uhr, im Advent zusätzlich so 14-18 Uhr, www.stpetrido.de **Tipp** Kirchenführung jeden ersten Samstag im Monat um 11 Uhr

031 Propsteikirche

Wie eine Insel der Ruhe wirkt der Propsteihof im Herzen der geschäftigen City. Und auch wenn die Kirche St. Johannes-Baptista – die die meisten Dortmunder nur als Propsteikirche kennen – eher unscheinbar wirkt, zeugt sie doch vom Selbst-behauptungswillen der katholischen Kirche. Denn lange Zeit war sie das letzte Refugium der Katholiken im protestanti-schen Dortmund. Und bis heute ist sie die einzige katholi-sche Kirche innerhalb des Wallrings.

Beharrlichkeit zeigten schon die Gründer der Kirche, die auf ein Dominikanerkloster zurückgeht. Mehrfach wurden die Bettelordens-Leute aus der Stadt vertrieben. 1330 gelang es ihnen schließlich, in einer Nacht- und Nebelaktion eine klei-ne Holzkirche zu bauen, die ihnen als geweihter Ort den Verbleib sicherte. Aus der kleinen Holzkapelle wurde Mitte des 15. Jahrhunderts eine gotische Hallenkirche.

Das Dominikaner-Kloster behauptete sich auch in der Zeit der Reformation, wurde aber 1816 ein Opfer der Säkularisie-rung und aufgelöst. Das Gotteshaus bestand als Pfarrkirche weiter und wurde 1859 zur Propsteikirche erklärt. Bis heute erinnert der Hof zwischen Kirche und Gemeindezentrum mit seinem Kreuzgang an die klösterliche Vergangenheit.

Sehenswert ist in der Propsteikirche vor allem der wertvol-le Hochaltar. Auf dem Meisterwerk von Derick Baegert aus dem 15. Jahrhundert ist die älteste Stadtansicht Dortmunds zu entdecken. Für Experten gilt sie sogar als eines der ersten Stadtporträts in der deutschen Kunst.

Das Gegenstück ist gegenüber als Glaskunst in der Rosette über der Orgel zu sehen. Der Glasmaler Joachim Klos aus Nettetal schuf 1987 einen stilisierten Stadtplan Dortmunds aus dem 20. Jahrhundert. Oli

Adresse Propsteihof, www.propsteikirche-dortmund.de **Anfahrt** U-Bahn 41, 43, 44, 45, 47, 49 (Kampstraße); geöffnet mo ab 10 Uhr, di, do, fr ab 9 Uhr, mi, sa, so ab ca. 9.30 Uhr, jeweils bis 19 Uhr

032 Reinoldikirche

Sie ist der Mittelpunkt Dortmunds. Schon seit fast 800 Jahren. Und möglicherweise ist sie sogar eine Art Keimzelle der Stadt.

Dafür stehen die beiden Figuren, die den Chorraum der Reinoldikirche einrahmen. Sie zeigen Karl den Großen, der als Stadtgründer gilt, und Reinoldus. Der legendäre Ritter war der Sage nach ein Neffe von Kaiser Karl. Sein Leichenwagen soll, oh Wunder, von allein von Köln nach Dortmund gerollt sein. Dort, wo er stehen blieb, bauten die Dortmunder Reinoldus zu Ehren ihre Stadtkirche. Der dankte es ihnen, in dem er die Stadt fortan als Patron beschützte und gegen Feinde verteidigte.

Belegt ist, dass die Reinoldikirche Mitte des 13. Jahrhunderts erbaut wurde, 200 Jahre später entstand der gotische Chorraum. Der 112 Meter hohe Turm galt seinerzeit als das „Wunder Westfalens".

Von ihm ist freilich nichts mehr übrig. Denn im Zweiten Weltkrieg wurde das Gotteshaus wie weite Teile der Innenstadt schwer zerstört. Mit vielen Spenden gelang bis 1956 der Wiederaufbau mit einem neuen Turm – der heute übrigens regelmäßig zu Besichtigungen einlädt und einen tollen Blick über die Stadt bietet.

Die Reinoldikirche selbst ist nicht nur Heimat einer großen Gemeinde, sondern als evangelische Stadtkirche auch Schauplatz für kulturelle Ereignisse von Vorträgen über Konzerte und Tanzaufführungen bis zu Kino in der Kirche. Inmitten des geschäftigen Treibens auf dem Hellweg lädt sie zum Ausruhen und Besinnen ein – mit Blick auf Karl den Großen und Reinoldus. Oli

Adresse Ostenhellweg 2; www.sanktreinoldi.de **Anfahrt** U-Bahn 42, 43, 44, 46 (Reinoldikirche); geöffnet täglich 10-18 Uhr **Tipp** Geschulte, ehrenamtliche Mitarbeiter bieten vier Mal in der Woche in einem geschützten Raum mitten in der Kirche offene Seelsorge an. Dort darf jede und jeder ohne vorherige Anmeldung sein Herz ausschütten. Termine: mo, di, mi, do von 14-17 Uhr

033 Schloss Bodelschwingh

Architektonischen Preziosen aus der Zeit vor Kohle und Stahl sind in Dortmund selten. Das Wasserschloss Bodelschwingh ist das bedeutendste der Stadt und gilt als eines der besterhaltenen im Ruhrgebiet. Um 1300 von Ritter Giselbert I erbaut, ist es bis heute im Besitz der Familie und wird auch von ihr bewohnt.

Ursprünglich war das Schloss weit weniger eindrucksvoll. Genau genommen baute Ritter Gisbert I damals kein Schloss, sondern auf Pfählen im Wasser ein Haus mit zwei Kammern. Erst im 16. Jahrhundert entstand der heutige Renaissancebau mit Ecktürmen, Hauben und Giebeln. In dieser Zeit wurde auch der einzige Zugang zum Schloss, ein alter Holzsteg, durch eine Zugbrücke ersetzt. 1829 entstand ein Gästehaus, danach folgten Orangerie, Teehaus und ein Schlosspark. Den charakteristischen Vogtsturm vor dem Wasserschloss gab es bereits, bevor Ritter Gisbert I das Zweikammerhaus erbaute. Dort lebte die Familie wohl, bis die neue Bleibe fertig war.

Dem westfälischen Adelsgeschlecht von Bodelschwingh entstammten im 19. Jahrhundert preußische Minister und Pastoren, so auch Friedrich von Bodelschwingh, der die Bodelschwinghschen Anstalten Bethel gründete.

In den 1980er Jahren baute der Vater des jetzigen Schlossherrn, Tido Freiherr zu Inn- und Knyphausen, die Wirtschaftsgebäude auf der Vorburg zu Mietwohnungen und Büros um. Weil auch das Schloss selbst bewohnt wird, steht es nicht für Besichtigungen offen. Vor dem eisernen Tor ist für Besucher Schluss. Den Schlosspark mit Resten der barocken Gartenanlagen, die sich einst bis weit hinter die nahe Autobahn 45 erstreckten, kann man zwischen Schlosskirche und Hofeinfahrt erkunden, und auch Fotografieren ist kein Problem. Die Schlossherren freuen sich über gelungene Aufnahmen für ihre Internet-Galerie. ds

Adresse Schloßstraße 1 **Anfahrt** Buslinie 477 (Schloss Bodelschwingh). **Tipp** Zumindest virtuell kann man das Schloss besuchen: www.schloss-bodelschwingh.de

034 St. Peter

Beim Gang über den wildromantischen Friedhof mit seinen windschiefen, verwitterten Grabsteinen fühlt man sich in eine längst vergangene Zeit versetzt. Es gibt wohl kaum einen Ort in Dortmund, der so viel mittelalterliche Aura verströmt wie die Kirche St. Peter in Syburg und ihr Kirchhof. Kein Wunder: Ein Vorgängerbau von St. Peter ist die älteste Kirche Westfalens, sie soll der Überlieferung nach im Jahr 799 durch Papst Leo III. persönlich geweiht worden sein.

Es war ein Symbol für die Christianisierung Westfalens durch Karl den Großen, der die legendäre Syburg kurz zuvor erobert haben soll. Auch der älteste bekannte christliche Grabstein ist in der Kirche zu finden. Er stammt aus merowingischer Zeit (also um 650) und gehört zu einem christlichen Missionar, der schon vor Kaiser Karl versuchte, den christlichen Glauben in der Region zu verankern.

In ihrem heutigen Erscheinungsbild entstand St. Peter im 12. Jahrhundert – zeitgleich mit der mittelalterlichen Burg, deren Ruine wenige hundert Meter weiter südlich im Wald versteckt ist. Aber auch St. Peter selbst ist eine Art Burg. Denn der Turm bot hinter dicken Mauern mit großen Räumen über mehrere Etagen den Bewohnern des Dorfes Syburg Zuflucht bei Gefahr.

Anziehungskraft besaß die heute evangelische Kirche aber auch über das Dorf hinaus. Denn in Verbindung mit der legendären Quelle des Petersbrunnens, der Heilkraft zugeschrieben wurde, war St. Peter als Wallfahrtsstätte über Jahrhunderte Ziel von Pilgern. Dazu beigetragen haben dürfte auch eine Reliquie der Heiligen Barbara, die Papst Leo III. hinterlassen haben soll. Das gute Stück ging in den Wirren der Reformation verloren. Als Schutzheilige der Bergleute blieb Barbara dem Revier rund um Syburg aber erhalten. Oli

Adresse Syburger Kirchstraße 14, www.ev-kirche-syburg-hoechsten.de
Anfahrt Buslinie 444 (Casino-Express) **Tipp** Eine Kirchenführung kann
man über das Gemeindebüro anfragen: Tel. 0231-1894452.

035 Steinwache

Die Beklemmung hinter den Mauern eines Folter-Gefängnisses ist noch zu spüren. Da sind die Zellen, das Treppenhaus mit seinen Fangnetzen. Hier wurde die karge Einrichtung einer Zelle rekonstruiert, dort sind in die Wand geritzte Botschaften von Gefangenen erhalten.

Von 1933 bis 1945 waren in der Steinwache – ursprünglich Polizeiwache für die Nordstadt – mehr als 66 000 Personen in Haft. Zu den Inhaftierten gehörten unter anderem der spätere Dortmunder Oberbürgermeister Fritz Henßler sowie der spätere Erzbischof von Paderborn Johannes Joachim Kardinal Degenhardt. Heute ist das 1906 im Stil der Neuen Sachlichkeit erbaute Gebäude Mahn- und Gedenkstätte. Ein besserer Ort, um an den Terror der Nazis und dessen Opfer zu erinnern, ist nicht vorstellbar: Schauplatz und Ausstellung ergänzen sich ideal.

Wer sich über das NS- Regime, über Gegner und Widersacher informieren will, findet in den thematisch bestückten Zellen anschauliches Material. Und immer verweisen Fotos, Dokumente, Fundstücke auf Dortmund, was die Schau auch zur Chronik „brauner" Stadtgeschichte macht.

Die Ausstellung leuchtet den zeitlichen und gesellschaftlichen Kontext aus, erzählt von Wirtschaftskrise, Wahlkampf und Weimar, von der Installierung einer Gleichschaltungs- und Terrormaschine, die jeden Lebensbereich durchdrang. Opfer aller Couleur, Juden, Christen, Kommunisten, Roma und Homosexuelle bekommen ein Gesicht und ihre Würde zurück. Genau hier, hinter diesen Mauern haben sie gelitten. Ein starker Ort für ein Mahnmal gegen das Vergessen. KUB

Adresse Steinstraße 50 **Anfahrt** bis Dortmund Hauptbahnhof; geöffnet di bis so 10-17 Uhr, Eintritt frei. Für Gruppen ab 15 Personen sind Führungen möglich (35 Euro). Am ersten Sonntag des Monats gibt es eine kostenlose Führung (11 Uhr).

036 Syburger Bergbauweg

Der Syburger Bergbauweg bietet die wohl authentischste Zeitreise in die frühe Geschichte des Ruhrbergbaus. Schritt für Schritt lässt sich nachvollziehen, wie Bergleute bereits im 16. Jahrhundert Kohle abbauten. Am steilen Westhang des Sybergs, zwischen den Serpentinen der Hengsteystraße und der Hohensyburger Burgruine, findet sich mit dem Flöz Sengsbank das geologisch älteste Steinkohlenflöz des Ruhrreviers. Anno 1582 erhielt Mathias Becker, Richter zu Schwerte und Westhofen, die Erlaubnis, Kohle im Tagebau zu gewinnen. Im Laufe der Jahrhunderte bauten drei Zechen nacheinander Steinkohle ab.

Heute eröffnet ein 2,5 km langer und steiler Wanderweg Einblicke in diesen Teil der Bergbaugeschichte. Los geht es entweder an der DLRG-Station Hengsteysee oder am Parkplatz des Casinos. Im Mai 1992 eingeweiht, verbindet der Weg Stollen und sogenannte Schachtpingen (Einsturztrichter) der drei Stollenzechen „Beckersches Feld" (16. Jahrhundert), „Schleifmühle" (18. Jahrhundert) und „Graf Wittekind" (19. Jahrhundert). Auch der kommunistische Revolutionär Friedrich Engels erbte einst Anteile an der Schleifmühle – allerdings vermutlich wertlose, schließlich lag die Zeche zu diesem Zeitpunkt schon still.

Der Weg führt zu vier renovierten Stollenmundlöchern, einem Flözaufschluss, zu Standorten ehemaliger Zechenhäuser und einer Handwinde, einem Bremsberg sowie frühen Kohlenziehwegen. An wichtigen Stellen hat der „Förderverein Bergbauhistorische Stätten" Infotafeln aufgestellt. Der Stollen Graf Wittekind wurde 1997 als Besucherbergwerk freigegeben – wer sich traut und rechtzeitig anmeldet, kann mit Schutzkleidung und Knieschonern 260 Meter weit durch die teils nur 40 Zentimeter hohen Gänge kriechen – und tatsächlich noch etwas Kohle abbauen. ds

Anfahrt Buslinie 444 (Casinobus) bis Casino. Mit dem Auto „Hohen-syburgstraße 200" ins Navi eingeben. **Tipp** Gruppenführung durch den Stollen Graf Wittekind (max. 25 Leute) auf Anfrage samstags gegen Spende an den Förderverein Bergbauhistorische Stätten, Tel.: 0231- 713696

037 Wasserschloss Haus Dellwig / Heimatmuseum

Ländlich und schlicht ging es zu, auch wenn die Umgebung hochherrschaftlich wirkt. Doch die Westfalen mögen es halt eher gemütlich – so vermittelt es das Heimatmuseum Lütgendortmund – eines von vielen kleinen Museen in der Stadt.

Das von einem Verein betriebene Heimatmuseum zeigt seit 1988 das Alltagsleben im ländlich geprägten Dortmunder Westen zwischen Bergbau, Handwerk und Landwirtschaft. In einer ehemaligen Landarbeiterwohnung kann man nachempfinden, wie es sich in Großmutters Küche und Wohnstube leben ließ. Dazu bietet das Museum eine Sammlung aus alten Landmaschinen und Haushaltsgeräten. Auch ein alter Friseursalon und eine Bäckerei-Einrichtung gehören zu den Exponaten.

Sehenswert ist aber auch die Umgebung. Denn das Heimatmuseum ist in den ehemaligen Ställen und Hofgebäuden des Schlosses Dellwig untergebracht. Das idyllische Wasserschloss am Rande des Dellwiger Waldes geht auf einen Rittersitz aus dem 12. Jahrhundert zurück und entstand in dieser Form nach dem 30-jährigen Krieg. Heute ist das Schloss mit seinem Teich beliebte Rast-Station für Wochenend-Ausflügler.

Schloss Dellwig ist nur eines von zahlreichen Herrenhäusern in Dortmund. Insgesamt gab es mehr als 50 alte Adelssitze im heutigen Stadtgebiet, von denen allerdings nur noch ein knappes Dutzend zumindest in Teilen erhalten ist. Oli

Adresse Dellwiger Straße 130, www.museum-luedo.de **Anfahrt** Bus 470 (Haus Dellwig), geöffnet von April bis Oktober sonn- und feiertags 10.30-13 Uhr.

038 Westfälisches Schulmuseum

Schule? Da kann jeder mitreden. Bei den meisten Menschen kommen sowohl lustige als auch unschöne Erinnerungen hoch. Doch wie war es, als im Klassenzimmer noch der Kanonenofen bollerte, ein Spucknapf in der Ecke stand und der Lehrer auch mal zum Rohrstock griff? Das Westfälische Schulmuseum in Marten lädt zu einer Zeitreise rund um Pennäler und Lehrpersonen, Kartenständer und Schiefertafel ein.

Das Schulmuseum beherbergt eine der größten schulgeschichtlichen Sammlungen Deutschlands. Mit zahlreichen Veranstaltungen und Ausstellungen bringt es Groß und Klein die Geschichte der Schule näher. Schwerpunkte liegen auf dem späten Mittelalter, der Zeit Kaiser Wilhelms II. und der NS-Zeit. Es besteht bereits seit 1910 und diente zunächst vor allem der Lehrerfortbildung. Wie schnell die Zeit vergeht, erkennt man am besten an den technischen Geräten unter den Exponaten: Am Anfang war die Rechenmaschine mit Kugeln, doch auch das Sprachlabor oder die ersten Rechner kommen uns heute herrlich altmodisch vor.

Den zentralen Raum der Schau bildet ein nachempfundenes Klassenzimmer aus der Zeit um 1900/1910. Dort können Besuchergruppen heute die Schulbank drücken. Wenn Fräulein Lehrerin oder Herr Lehrer dann vorne stehen, gehört ihnen die ungeteilte Aufmerksamkeit, sonst gibt's eine Strafe.

Das Schulmuseum ist ein Familienmuseum, das altersgerechte oder generationsübergreifende Aktionen anbietet. Auch der ein oder andere Betriebs- oder Vereinsausflug führte schon in das alte Schulgebäude von 1905. Mutige Kinder können sogar ihren Geburtstag im Schulmuseum feiern. Doch keine Angst: Noten gibt es dafür nicht. gl

Adresse An der Wasserburg 1, www.schulmuseum.dortmund.de
Anfahrt S-Bahn 4 (Marten-Süd), U-Bahn 44 (Walbertstr./Schulmuseum); geöffnet di-so 10 - 17 Uhr, Eintritt 2,50 Euro, erm. 1,25 Euro

039 Zeche Hansemann

Ein Turm und zahlreiche Zinnen, schmucke Fenster und ein ehrwürdiges Eingangsportal – zunächst würden Besucher das prächtige Hauptgebäude der Zeche Hansemann im Stadtteil Mengede wohl nicht für den Eingang zu einem Kohlenbergwerk halten. Ist es aber, und daher zählt das Gebäude zu den architektonisch bedeutendsten Zechenbauten Dortmunds.

Benannt ist die Zeche nach dem größten Geldgeber Adolf von Hansemann. Der war Chef der Berliner Disconto-Gesellschaft, aus der später die Deutsche Bank hervorging. Mit der Zeche in Dortmund hatte der Bankier allerdings weniger Glück. Zwar versprachen die 1857 entdeckten Mengeder Kohlenvorkommen gute Gewinne, doch entpuppte sich der 1873 gegrabene erste Bergwerksschacht als „Fass ohne Boden mit Wasserspülung", wie Adolph von Hansemann es ausdrückte. Zahlreiche Wassereinbrüche forderten Tote und Verletzte und zwangen zum Einstellen der Arbeiten. Erst über 20 Jahre nach Gründung der Zeche kam die erste Mengeder Kohle ans Tageslicht.

Das Hauptgebäude entstand 1899 durch den Umbau eines ehemaligen Kesselhauses. Der Dortmunder Architekt Dietrich Schulze erschuf es im Stil norddeutscher Backsteingotik. Als man 1967 die Zeche stilllegte, verkam das Gebäude zunächst. In den 1990er Jahren wurde es restauriert und wird heute von der Handwerkskammer Dortmund als Bildungszentrum genutzt. Unter anderem die Gerüstbauer können die hohen Hallen hervorragend nutzen. Außer dem Hauptgebäude sind die Maschinenhäuser der Schächte I und II im historisierenden Stil erhalten, außerdem das Torhaus und ein Magazingebäude. Im Torhaus ist eine kleine, liebevoll zusammengetragene Bergbau-Ausstellung eingerichtet samt dem Nachbau einer Flözstrecke. ds

Adresse Barbarastr. 7 **Anfahrt** S-Bahn 2 (Dortmund-Mengede). Pkw: „Barbarastraße 7 " ins Navigationsgerät eingeben. Das „Berg-baumuseum BUV-Kleinzeche Max Rehfeld e.V." ist geöffnet jeden 3. Samstag von 10-16 Uhr oder nach Absprache: Tel. 0231-352602, Eintritt frei, www.buv-kleinzeche.de

040 Zeche Zollern

Schlösser symbolisieren Macht und Reichtum. Was für Fürsten und Könige gilt, nahmen sich auch die Industriebarone zu Herzen. Als die Gelsenkirchener Bergwerks AG gegen Ende des 19. Jahrhunderts zum größten Bergbau-Unternehmen des Reviers aufstieg, baute sie sich ein „Schloss der Arbeit": Die Zeche Zollern II/IV in Dortmund-Bövinghausen wurde nach dem Plänen des Architekten Paul Knobbe zwischen 1898 und 1904 gebaut und zu einem repräsentativen Aushängeschild des Unternehmens.

Kaum zu glauben, dass das historische Ensemble nach dem Ende des Zechen-Betriebs 1966 abgerissen werden sollte. Für die von dem Berliner Jugendstil-Architekten Bruno Möhring gestaltete Maschinenhalle mit der ersten elektrischen Fördermaschine der Welt lagen sogar schon Angebote von Schrottfirmen vor. Eine Bürgerinitiative verhinderte schließlich den Abriss. 1969 wurde die Maschinenhalle, deren Jugendstil-Portal später sogar eine Briefmarke zierte, zum ersten Industriedenkmal des Landes.

1982 übernahm der Landschaftsverband Westfalen-Lippe das Zollern-Areal und machte die einstige Musterzeche zur Zentrale des Westfälischen Industriemuseums. Die Ausstellung auf Zollern zeigt anschaulich und kindgerecht die Sozialgeschichte des Bergbaus mit Einblicken in das Alltagsleben der Bergleute – bis hinein in die ebenfalls denkmalgeschützte Bergarbeiter-Siedlung vor dem Zechentor. Und von einem der wiederaufgebauten Fördertürme genießen Besucher einen königlichen Ausblick über das halbe Revier. Oli

Adresse Grubenweg 5, www.zeche-zollern.de **Anfahrt** Regional-bahn 43 (Bövinghausen), Bus 462 (Industriemuseum Zollern); geöffnet di–so 10 bis 18 Uhr, Eintritt 4 Euro, Kinder/Jugendliche 2 Euro **Tipp** Kinder lieben es auf Zollern „Unter Tage". Im Erlebnis-raum im Keller der Kaue können Kinder mit allen Sinnen wahrnehmen, wie laut, still, windig, nass, dunkel oder hart die Welt unter Tage ist. Bei schönem Wetter ist auch der Spielplatz draußen sehr begehrt.

041 Altes Stadthaus mit Berswordthalle

Glas und Stahl treffen roten Sandstein und weißen Putz, Neorenaissance trifft moderne Architektur des 21. Jahrhunderts. Das Alte Stadthaus in Kombination mit der Berswordthalle ist schon ein echter Hingucker am Friedensplatz. Das Alte Stadthaus wurde 1899 im Stil der Neorenaissance nach einem Entwurf von Stadtbaurat Friedrich Kullrich gebaut. Er übernahm die Formensprache des historischen Rathauses, das bis zu seinem Abriss 1955 am Alten Markt stand. Im Krieg wurde das Stadthaus stark beschädigt und danach – allerdings etwas vereinfacht – wieder aufgebaut.

Im Erdgeschoss fallen die großen, dreiteiligen Rundbogenfenster auf. An der Frontfassade befinden sich Ziergiebel und Adler – das Dortmunder Stadtwappen. Zwischen zwei Fenstern der Westseite liest man den westfälischen Spruch „So fast as düörpm", so fest wie Dortmund.

Ein Blick ins Innere des Alten Stadthauses lohnt allein wegen des imposanten Treppenhauses mit seinen Mosaiken am Boden. Steigt man ganz nach oben, so findet sich rechts eine schöne, verschnörkelte Metalltreppe. Schon wegen dieses Ambientes befindet sich im Alten Stadthaus ein begehrtes Trauzimmer für die Innenstadt.

Klar und durchlässig wirkt daneben die Berswordthalle, die 2002 als Verbindung zwischen neuem und altem Stadthaus errichtet wurde und in der sich die Fassade des Alten Stadthauses wunderschön spiegelt. Dort sind die Anlaufstelle für Bürgerdienste, Ladenlokale und ein Café untergebracht.

Benannt wurde die Halle nach der Familie Berswordt, die zu den ältesten Familien der Führungsschicht im mittelalterlichen Dortmund gehörte. Zahlreiche Stiftungen, unter anderem der Berswordt-Altar in der Marienkirche, zeugen vom Wohlstand dieser Familie. gl

Adresse Friedensplatz 5
Anfahrt U-Bahn 41, 45, 47, 49 (Stadthaus)

042 Domicil

„Ich geh ins domicil!" – das kann vielerlei bedeuten, denn im domicil an der Hansastraße kann man Jazzkonzerte hören und bei einer der offenen Sessions selbst Musik machen, man kann Partys feiern und Poetry Slam hören, Cocktails trinken oder eine Kleinigkeit essen. Auch wer mit Jazz nichts am Hut hat, geht ins domicil – zum Beispiel zum Salsa- oder Swingtanzen, zu den Ü30- oder Ü40-Partys.

Traditionell aber steht das domicil für Jazz, Avantgarde- und Weltmusik – in Dortmund und weit darüber hinaus. Schon am alten Standort, einem Keller an der Leopoldstraße, war der Jazz-Club seit Ende der 1960er Jahre berühmt für sein gutes Programm. Heute ist es sogar preisgekrönt: Seit Jahren wird das Live-Programm mit Preisen ausgezeichnet. Zu hören gibt es im großen Konzertsaal, im kleinen Club oder in der Bar zeitgenössischen Jazz ebenso wie Weltmusik und Avantgarde, Vertreter der regionalen Szene ebenso wie internationale Größen. Stars wie Chet Baker, Betty Carter, Albert Mangelsdorff, Joyce, Baden Powell, Nils Wogram oder John Scofield gastierten im domicil.

Ein gemeinnütziger Verein mit über 100 Mitgliedern trägt den Jazzclub. Durch ehrenamtliche Mitarbeit tragen sie zum Erfolg bei. Rund 15.000 freiwillige Arbeitsstunden stecken allein in dem Umbau des ehemaligen UFA-Kinos und späterem Boulevard-Theaters zum gemütlich-stilvollen Jazzclub. Es hat sich gelohnt: Das New Yorker Jazzmagazin DownBeat wählte das domicil mehrfach in die Liste der weltweit hundert besten Jazzclubs; 2010 wurde es beim Live Entertainment Award als einer der drei besten Live-Clubs Deutschlands nominiert. pin

Anfahrt Hansastraße 7-11, www.domicil-dortmund.de **Anfahrt**
U-Bahn 41, 43, 44, 45, 47, 49 (Kampstraße) **Tipp** Mindestens einmal
im Monat lädt das domicil zu „Soundzz Familienkonzerten". Profi-
Musiker und Bands spielen für Kinder im Grundschulalter (Eintritt
Kinder 5, Erwachsene 7 Euro). In der „Soundzz Klangwerkstatt"
werden Kinder selbst aktiv, bauen Instrumente, bilden ein Schrott-
Orchester oder üben sich an Percussions.

043 Fletch Bizzel

Das ehemalige Fabrikgebäude im Hinterhof an der Humboldtstraße ist eine der attraktivsten Adressen für freies Theater im Ruhrgebiet: Das Fletch Bizzel besteht seit 1985 und zeigt sowohl eigene Produktionen als auch (inter)nationale Gastspiele – auf der eigenen Bühne im Klinikviertel und anderenorts in Dortmund.

Nicht einmal Theaterleiter Horst Hanke-Lindemann weiß mehr, woher der Name „Fletch Bizzel" kommt. Sicher ist: Er steht zum einen für das Ensemble, gegründet 1979 auf einem Dorstfelder Dachboden und damit eine der ältesten freien Theatergruppen im deutschsprachigen Raum. Zum anderen steht er für das Haus, in dem nicht nur die freie Bühne untergebracht ist, sondern auch die Kulturwerkstatt mit ihrem Kurs-Angebot und eine Galerie, die regelmäßig Kunst aus der Region zeigt. Im Fletch Bizzel erlebt der Besucher Kindermusiktheater und Puppentheater, Kabarett und Kleinkunst. Viele Inszenierungen aus dem Repertoire sind beim (Stamm-)Publikum Kult: „Der letzte der feurigen Liebhaber" etwa, „Monsieur Ibrahim und die Blumen des Koran" oder das alljährliche (Vor-)Weihnachtsstück „Drei Männer im Schnee" von Erich Kästner.

Wer nicht nur Kultur gucken, sondern selbst aktiv werden möchte, kann sich in zahlreichen Kursen austoben: Im Angebot sind Step- und Bauchtanz oder Zumba ebenso wie Lachyoga oder Kurse zur Körpersprache.

Das Fletch Bizzel ist außerdem die Heimat erfolgreicher Veranstaltungen, etwa des alternativen Karnevals „Geierabend" oder des Kabarett- und Comedyfestivals RuhrHOCHdeutsch. pin

Adresse Humboldtstraße 45, www.fletch-bizzel.de **Anfahrt** U-Bahn 42 (Städtische Kliniken), Galerie geöffnet mo-fr 10 bis 18 Uhr und zu den Veranstaltungen

044 Harenberg City-Center

Man muss die Architektur nicht mögen. Aber man muss zugeben, dass sie markant ist und die Dortmunder Skyline maßgeblich prägt. Das Harenberg City-Center des international tätigen Dortmunder Architekten Eckhard Gerber war mit seinen 70 Metern bis 2005 das höchste Haus der Dortmunder Innenstadt. Dann lief ihm der RWE-Tower (ebenfalls aus dem Büro Gerber) mit 89 Metern den Rang ab.

Wer einmal mit dem gläsernen Aufzug in den 18. Stockwerk gefahren ist und über den benachbarten Hauptbahnhof hinweg auf die City geblickt hat (nur nach telefonischer Anfrage möglich), der wird das Seherlebnis nicht so schnell vergessen. Hier ist man eben – anders als beim Blick vom Florianturm – mittendrin im städtischen Geschehen.

Das 1994 eröffnetes Hochhaus mit dem großzügig-eleganten Schwung, das sich (im Anschluss ans frühere AOK-Gebäude aus den späten 1920er Jahren) in die Kurve des Königswalls schmiegt und dennoch selbstbewusst aufragt, wurde von namhaften Architekturkritikern in hohen Tönen gelobt. Seit nebenan auch das „Dortmunder U" als Kulturzentrum residiert, finden sich hier einige der stärksten Akzente der Stadt dicht beisammen.

Es war der Namensgeber des Hauses, der Dortmunder Verleger Bodo Harenberg, der dort hochkarätige Kulturreihen wie „Kultur im Tortenstück" aus der Taufe hob. Kaum eine deutschsprachige Kulturgröße der Literatur, der Schauspielkunst und der Musik, die nicht irgendwann einmal am Königswall Station gemacht hätte.

Übrigens: Der Name „Tortenstück" rührt von der Dreiecksform des südlichen Gebäude-Teils. bke

Adresse Königswall 21, www.hcc-dortmund.de
Anfahrt U-Bahn 43, 44 (Westentor)

effet 2008

045 Konzerthaus

Star-Dirigent Christian Thielemann schwärmte vom „fabelhaften Saal", sein Kollege Yannick Nézet-Séguin vom „besten Konzerthaus", und der französische Countertenor Phillippe Jaroussky lobte im Gästebuch die „tolle Acoustic". Das Konzerthaus an der Brückstraße hat nicht nur unter den Besuchern, sondern auch unter den Klassik-Stars regelrechte Fans.

Dabei waren die Startbedingungen vor der Eröffnung der Philharmonie Westfalen keineswegs leicht. In schwierigem Umfeld und auf engstem Raum entstand der vom Dortmunder Architekturbüro Schröder Schulte-Ladbeck konzipierte Musiktempel.

Die Hoffnung, dass das Konzerthaus das gesamte Viertel positiv verändert, hat sich zwar noch nicht ganz erfüllt. Der Konzertsaal gehört musikalisch aber inzwischen zur ersten Liga in Europa. Kaum ein großes Orchester – von den New Yorker bis zu den Wiener und Berliner Philharmonikern – das hier noch nicht gespielt hat. Die Geigerin Anne-Sophie Mutter, Sopranistin Anna Netrebko oder der Pianist Lang Lang führen die lange Liste der Klassikstars an. Aber auch ein Pop-Abo und regelmäßige Shows locken die Zuhörer ins Konzerthaus mit seiner leuchtenden Glasfassade.

Neben der persönlichen Atmosphäre in dem von Intendant Benedikt Stampa geführten Haus ist die Akustik des Saales das Besondere des Hauses. Bis in die letzte Reihe unter dem Dach in 25 Metern Höhe hört man den leisesten Ton. Ganz so, wie es sich die Planer des Hauses erträumt hatten.

Der perfekte Klang nach dem Vorbild des Wiener Musikvereins stand von vornherein im Mittelpunkt des Gestaltungskonzepts für den 1550 Plätze bietenden Saal, der wie ein schwarzes Schatzkästlein in den gläsernen Bau eingefügt ist. Hier wird jedes Konzert zum Erlebnis. Oli

Adresse Brückstraße 21, www.konzerthaus-dortmund.de **Anfahrt** U-Bahn 42, 43, 44, 46 (Reinoldikirche) oder Kampstraße **Tipp** Wer schon immer einmal wissen wollte, wie es hinter der Bühne aussieht, wo der Orgelspieltisch steht und wie die riesigen Porträts im Foyer entstanden sind, kann unter Tel. 0231-22696261 eine Gruppenführung vereinbaren.

046 Kulturort Depot

Das ehemalige Straßenbahndepot Depot an der Immermannstraße ist eine große, kreative Wundertüte. Man kann dort
atmen lernen oder Glaskunst machen, man kann ins Theater
gehen oder ins Kino, man kann essen gehen oder Kunst
betrachten, man kann Zumba tanzen, zeichnen lernen, einen
nächtlichen Flohmarkt besuchen oder sich coachen lassen.
Man kann aber auch erst einmal in die große Mittelhalle ein-
treten und den Ort auf sich wirken lassen.

Die 87 Meter lange ehemalige Montagehalle der ehemaligen
Straßenbahn-Hauptwerkstatt ist der beste Startpunkt, um das
Depot zu erkunden. Links und rechts der Halle gingen früher die Werkstätten ab. Werkstätten sind es noch immer, nur
dass sich darin heute Galerien, Künstler-Ateliers oder Büro-
räume befinden. Tagsüber steht die Halle meist offen und
kann besichtigt werden.

Anfang des 20. Jahrhunderts entstand der heutige Kulturort
nach Plänen von Karl Pinno – ein Architekt, der in Dortmund unter anderem für die Sichtbetonkirche St. Nicolai ver-
antwortlich ist. Von außen besticht das Depot durch seine
neoklassizistische Ziegelfassade, von innen durch seine fili-
grane und seltene Stahlfachwerkkonstruktion, die einer der
Gründe war, das Gebäude unter Denkmalschutz zu stellen.
Bis 1996 war die Hauptwerkstatt in Betrieb, anschließend
wurde das Gebäude auf Initiative des Vereins „Kulturwerkstatt Depot" ein Projekt der Internationalen Bauausstellung
Emscher Park. Das Ziel lautete, ein Zentrum für Kunst, Kultur und Nachbarschaft zu schaffen.

2001 wurde eröffnet, von Anfang an dabei waren bildende
Künstler, Architekten, das freie „Theater im Depot, die Galerie Dieter Fischer, kurz darauf eröffnete mit der „Depothek"
auch das Kneipen-Restaurant. Inzwischen ist mit „sweetSixteen" noch ein Programmkino hinzu gekommen. pin

Adresse Immermannstraße 29, www.depotdortmund.de **Anfahrt** U-Bahn 49 (Immermannstraße/Klinikzentrum Nord) **Tipp** An jedem ersten Donnerstag im Monat kann man einen Blick hinter die Kulissen werfen und den Depot-Künstlern von 17 bis 20 Uhr über die Schulter schauen. Das Kino „sweetSixteen" bietet sonntags um 15 Uhr Kinderkino und regelmäßig Kinderwagen-Kino für Eltern mit mehr Licht und weniger Ton.

047 Künstlerhaus

Ein Haus für die Kunst – ein Haus, in dem bildende Künstler arbeiten, sich international vernetzen, Ausstellungen organisieren und Kunst präsentieren. Ein solches Haus steht in der Dortmunder Nordstadt. Das Künstlerhaus am Sunderweg belebt mit seinem zeitgenössischen und experimentellen Angebot seit 30 Jahren die Kunstszene Dortmunds. Das Gebäude von 1924 hat eine wechselvolle Geschichte: zunächst Waschkaue und Betriebsgebäude der Zeche Westfalia, wurde es später von der Fachhochschule für Design genutzt und schließlich von Studierenden besetzt.

Derzeit arbeiten 18 Künstlerinnen und Künstler selbstverwaltet am Sunderweg. Ihr Spektrum reicht von Malerei und Bildhauerei über Fotografie und Film bis hin zu Rauminstallationen und Neuen Medien. Ihre eigenen Werke zeigen sie allerdings nur bei Atelierbesuchen, niemals in den hauseigenen Ausstellungen. Dieses Prinzip gehört zum Selbstverständnis des Vereins, dessen Mitglieder die Ausstellungen mit meist internationaler Beteiligung selbst kuratieren. Dadurch, dass jeder seine Kontakte, Konzepte und Ideen einbringt, ist automatisch für Spannung und Abwechslung gesorgt. Im Jahr werden so sechs Ausstellungen plus Sonderaktionen auf die Beine gestellt.

Mit seinem ungewöhnlichen Konzept und Angebot findet das Kunstprojekt aus der Dortmunder Nordstadt überregionale Beachtung. Das Künstlerhaus versteht sich als offenes Haus und bereichert durch Workshops auch den eigenen Stadtteil. Die Werkstatt-Atmosphäre nimmt Besuchern jegliche Schwellenängste. Wer sich auf zeitgenössische Kunst, Experimente und einen offenen Diskurs über Kunst einlassen will, ist im Künstlerhaus Dortmund auf jeden Fall an der richtigen Adresse. pid

Adresse Sunderweg 1, www.kh-do.de **Anfahrt** U-Bahn 43, 44 (Unionstraße); Führungen (auch Kleingruppen) sind individuell vereinbar.

048 Museum für Kunst und Kulturgeschichte

Das Haus allein ist schon geschichtsträchtig. Hugo Steinbach baute das prächtige Art-Déco-Gebäude nah des Königswalls 1924 als Sparkasse. Darin untergebracht ist das älteste Museum des Ruhrgebiets: bedeutende Sammlungen, antike Schätze und modernes Design. Im Museum für Kunst und Kulturgeschichte (MKK) erleben die Besucher auch einen Ritt durch die Geschichte der Stadt.

Unter den Gemälden sind Werke von bedeutenden Künstlern aus dem 18. und 19. Jahrhundert: Caspar David Friedrich, Carl Spitzweg, Anselm Feuerbach, Max Liebermann. Nicht weniger wertvoll sind die spätrömischen Goldmünzen – sie sind der bedeutendste archäologische Fund aus Dortmund. Zu den Höhepunkten zählen auch ein romanisches Triumphkreuz und gotische Madonnen des Malers Conrad von Soest, der um 1400 in Dortmund lebte.

Auf fünf Etagen gibt's Kostbares, Seltenes, Typisches und Alltägliches, wie das MKK seine Sammlung selbst beschreibt. Die Besucher starten in der Steinzeit und enden in der Nachkriegszeit. In einer Apotheke aus dem 18. Jahrhundert lernt man etwas über die Medizin von damals. Ein Dortmunder Wohnzimmer im Stil des Wiener Biedermeier illustriert großbürgerliches Wohnen im 19. Jahrhundert. Die vierte Etage erzählt den Aufstieg Dortmunds zur industriellen Großstadt, außerdem findet sich dort eine bedeutende Ausstellung zur Geschichte des Vermessungswesens. Hier erfahren die Besucher, wie einst der Erdumfang berechnet worden ist.

Wechselnde Sonderausstellungen locken immer wieder ins Haus. So dokumentierte zuletzt eine Foto-Schau die Folgen rechtsextremer Gewalt. Kulturell geht's mit Live-Konzerten auch in dem im MKK beheimateten Café Baum zu. joo

Adresse Hansastraße 3, www.dortmund.de/mkk **Anfahrt** U-Bahn (Hauptbahnhof); geöffnet di, mi, fr, so 10 bis 17 Uhr, do 10 bis 20 Uhr, sa 12 bis 17 Uhr, Eintritt Dauerausstellung: 5 Euro, ermäßigt 2,50 Euro, Sonderausstellungen 6 bzw. 3 Euro **Tipps** 1. Museumsdetektive oder –piraten, Geisterjäger oder Zauberlehrlinge – Kinder können im MKK spannende Geburtstage verbringen. 2. Die Rotunde bietet ein außergewöhnliches Ambiente mit guter Akustik – man kann sie für Feiern und Veranstaltungen mieten. 3. Der „Bremer Saal" des MKK gehört zu den Ambiente-Trauorten der Stadt.

049 Naturbühne Hohensyburg

Idyllisch gelegen im grünen Dortmunder Süden findet sich unterhalb der Syburg ein Juwel der Kulturlandschaft: Seit 1952 bietet die Naturbühne Hohensyburg in einem Amphitheater, das rund 800 Besuchern Platz bietet, populäres, unterhaltsames, aber auch anspruchsvolles Theater inmitten der Natur. Mehr als 200 Stücke waren hier in den vergangenen sechs Jahrzehnten in über 1400 Aufführungen zu sehen. Über Dortmund hinaus bekannt und beliebt sind die Familienmusicals. In den 1970er Jahren begann das Laien-Ensemble, für jede Sommersaison einen neuen Klassiker samt musikalischer Intonierung umzusetzen, etwa das Dschungelbuch, Ronja Räubertochter, Krabat oder Peter Pan. Die Musicals bilden zugleich den Auftakt zur Sommersaison.

Bis heute ist die Naturbühne ein durch und durch professionelles Mitmachprojekt. Auf, vor und hinter der Bühne agieren fast ausnahmslos ehrenamtliche Mitglieder des Naturbühne Hohensyburg e.V. Kostüme, Maske, Kulissen, Technik, Regie, Schauspiel – alles wird von rund 200 engagierten Theaterleuten aller Altersgruppen selbst erdacht und umgesetzt. Die Vorbereitungen für jedes Stück nehmen rund ein halbes Jahr in Anspruch.

Übrigens spielt das Ensemble nicht nur im Sommer auf. In den Herbst- und Wintermonaten werden die Aufführungen ins Bühnenheim nebenan verlegt. Das ist für rund 70 Zuschauer ausgelegt und bietet so ebenfalls ein besonders charmantes Theatererlebnis. ds

Adresse Syburger Dorfstraße 60 **Anfahrt** Buslinie 444 ab Hbf (Casinobus), Linien 442 (Syburg Höchsten) oder 432 (Feldmark/Syburg) ab Hörde Bf. Pkw: „Syburger Dorfstraße 60" ins Navi eingeben. Eintritt 8 Euro, Kinder 6 Euro, www.naturbuehne.de

050 Stadt- und Landesbibliothek

Dieses Gebäude ist ein Ereignis: In weniger als 1.000 Tagen entstanden, ist die Stadt- und Landesbibliothek ein echter Blickfang. Vor allem die markante Rotunde auf der grünen Wiese gegenüber dem Hauptbahnhof löst Erstaunen aus. Der gläserne Halbzylinder wirkt wie ein großes, gemütliches Gartenhaus.

Entworfen wurde das 1999 fertiggestellte Gebäude von dem Schweizer Architekten Mario Botta, der mit seiner einer streng geometrischen, schlichten Formensprache sowie Licht und Schatten selbst sehr massive Baukörper leicht und elegant erscheinen lässt. Auch im Innern schuf Mario Botta mit mattschwarzem Stahl, Birkenholz und anthrazitfarbenem italienischem Granit eine gediegene Atmosphäre. Während sich in der vierstöckigen Rotunde Lesesäle und Präsenzbibliothek befinden, sind Archive, Büros und andere Einrichtungen in dem dahinter liegenden Bau untergebracht.

Insgesamt beherbergt die Bibliothek mehr als eine Million Bücher, Bilder, Ton- und Datenträger. Sie hat aber noch mehr zu bieten: etwa eine Handschriftensammlung, die Nachlässe, Frühdrucke oder Briefe von Schriftstellern sammelt und bewahrt. Die Dortmunder Autorendokumentation sammelt Rezensionen zu den Werken von über 25.000 Autoren. Ebenso finden sich im Gebäude das Institut für Zeitungsforschung mit dem weltweit umfangreichsten Archiv historischer sowie aktueller Zeitungen und Zeitschriften. Das Fritz-Hüser-Institut für Literatur und Kultur der Arbeitswelt ist die weltweit einzige Einrichtung, die sich speziell mit der Kultur der Arbeitswelt befasst. Sie befindet sich allerdings am Grubenweg in Bövinghausen. ds

Adresse Max-von-der-Grün-Platz 1-3 **Anfahrt** U-Bahn (Haupt-bahnhof). Pkw: „Freistuhl" ins Navigationsgerät eingeben. **Tipp** Wer einmal ausprobieren will, wie echte Kunst an den eigenen Wänden wirkt, kann sich in der Artothek Grafiken, Aquarelle oder Zeichnungen ausleihen.

051 Tanztheater Cordula Nolte

Es ist Dortmunds einziges freies Tanztheater, es logiert in der wohl ältesten Turnhalle der Stadt – und es ist der größte Geheimtipp unter den Dortmunder Bühnen: Das Tanztheater Cordula Nolte im denkmalgeschützten, markanten Eckhaus an der Rheinischen Straße Ecke Paulinenstraße im Unionviertel.

Wer auf dem rosafarbenen Teppich die Stufen zur ersten Etage erklimmt, kann kaum ahnen, was sich hinter der schweren Holztür verbirgt. Theater-Leiterin Cordula Nolte hat die ehemalige Turnhalle, in der später ein Box-Club logierte, mit viel Arbeit und Liebe zum Detail zu einer Bühne umgebaut. Über dem Publikum schwebt ein riesiger Kronleuchter. Die Wände sind golden, Sofas, Sessel und Tische individuell aufgearbeitet. Eine Badewanne, ein Fahrrad auf einem skurrilen Gestell in luftiger Höhe, ionische Säulen aus Gips oder Beton – was Einrichtung und was Requisite ist, vermag man kaum zu unterscheiden.

Das Tanztheater Cordula Nolte zeigt seit 14 Jahren jedes Jahr genau eine Produktion. Der Stil des Ensembles ist dabei so individuell wie seine Mitglieder, die ihre Stücke gemeinsam unter Leitung der erfahrenen Tanzpädagogin erarbeiten. Dabei schafft das Ensemble das Unmögliche: Es entwickelt eine unverwechselbare Handschrift, ohne sich je zu wiederholen. In den Stücken geht es um Schönheitswahn oder moderne Kommunikation, ums Verlieben oder um Konsumterror. Die Themen werden in Bilder und Bewegung, Spiel und Sprache umgesetzt: kritisch und kreativ, frisch und phantasievoll, meist heiter bis witzig. pin

Adresse Paulinenstraße 2/Ecke Rheinische Straße, www.tanz-theater-cordula-nolte.de **Anfahrt** U-Bahn 43, 44 (Heinrichstraße); Karten 15 Euro **Tipp** Unter dem Label „Spitzenweib" hat Theater-chefin Cordula Nolte eine eigene, von Tanz und Bewegung inspirierte Mode-Kollektion entworfen, die regelmäßig auf der Bühne präsentiert wird. Termine: www.spitzenweib.de

052 Theater Dortmund

Nur wenige Häuser in NRW haben so viel zu bieten: Oper inklusive Junger Oper, Schauspiel, Kinder und Jugendtheater, Ballett und Philharmonisches Orchester. Als Fünf-Sparten-Haus ist das Theater Dortmund eines der größten in Deutschland. Architektonisch sticht das Opernhaus am Hiltropwall/Ecke Hansastraße durch sein grünes Dreiecks-Kuppeldach hervor – den Entwurf für das 1966 eingeweihte Gebäude lieferten die Architekten Heinrich Rosskotten und Edgar Tritthart. Das alte Stadttheater von 1904 war im Zweiten Weltkrieg zerstört worden.

Es war im Ruhrgebiet schon immer schwierig, die Theater zu füllen, dazu fehlt das breite Kultur- und Bildungsbürgertum. Dass aus dieser Dauer-Krise mitunter die spannendsten Projekte, Experimente und Innovationen entstehen, zeigt sich in Dortmund:

Ballettdirektor Xin Peng Wang begeistert mit seinen eigenen Choreografien in neoklassischer Tradition und holt regelmäßig große Choreografen nach Dortmund. Das Schauspiel unter Kay Voges experimentiert sehenswert und erfolgreich mit neuen Formaten und Zielgruppen. Das Kinder- und Jugendtheater unter Andreas Gruhn, eines der ältesten in Deutschland, genießt einen ausgezeichneten Ruf. Das Philharmonische Orchester ist noch älter als das Theater und hat es vielleicht am schwersten; Babykonzerte mit Mozart auf der Krabbelmatte oder Jugendkonzerte mit DJs sollen gegensteuern. In der Oper lautet das Motto „Oper für alle", denn Intendant Jens-Daniel Herzog ist überzeugt: Eine Oper ist leichter zu verstehen als ein Fußballspiel! Glauben Sie nicht? Probieren Sie es! pin

Adresse Kuhstraße 12, www.theaterdo.de **Anfahrt** U-Bahn 41, 45, 47, 49 (Stadtgarten), Kinder- und Jugendtheater: Sckellstraße, U-Bahn 41 (Karl-Liebknecht-Straße) **Tipp** Das Theatercafé „Institut" des Schauspiels ist allein wegen der wandfüllenden Luftaufnahme Dortmunds einen Besuch wert. Bei einem Bier kann man sich im Anblick der Stadt von oben verlieren.

053 Theater Olpketal

„Scharnhorst is so'n Ort, da zahlße pünktlich deine Miete, dann kommt die Polizei und fragt, wo's Geld her is'.“ Sagt Günna, der mit bürgerlichem Namen Bruno Knust heißt. Sagt er auf der Bühne in seinem eigenen kleinen Theater Olpketal im beschaulichen Lücklemberg im grünen Dortmunder Süden, weit weg von Scharnhorst.

Völlig entspannt – so steht Knust seit vielen Jahren auf der Bühne. Liefert Comedy, die dortmunderischer nicht sein könnte. Der Berliner hibbelt und ätzt, der Kölner spaßt rheinisch-jovial, der Hamburger feuert seinen Humor steif ab – aber sie alle wirken, als wollten sie mit ihren Witzen gleich das ganze Land erobern.

Günna ist bescheidener. Pils und Borussia, Arbeit und Zusammenhalt, Familie und Nachbarschaft – das sind seine Themen. Er war BVB-Stadionsprecher. Er ist regelmäßig im Fernsehen gewesen. Er hat zu Borussia Dortmunds 100. Geburtstag eine Revue ins Theater gebracht. Er hat diese unvergleichlich sonore Stimme, sanft und wie ein Reibeisen gleichzeitig. Er hat die Hütte fast immer voll.

Sicher: Es gibt auch Witze in Günnas Programmen, über die schon vor einigen Jahrzehnten gelacht wurde. Aber dann sind da wieder diese treffenden Beobachtungen. Dass der EDG-Müllmann nun „Entsorgungsberater“ heißen könnte oder „Reststofflogistiker“. Dass man mit Oppas alter Knappschaftsrente früher die ganze Familie durchbringen konnte. Dass man hier in Dortmund so wunderbare Wörter nutzt wie „Ömmes“.

In Knusts Familienbetrieb darf man sich wohlfühlen. Sein Olpketal-Theater ist die Eckkneipe unter den Spielstätten. Wer hin will, sollte frühzeitig im Internet schauen, wann noch Termine frei sind. Und dann auf den Button klicken, den es wohl nur bei Günna gibt: „Katten kaufen“. bja

116

THEATER
OLPKETAL

Adresse Olpketalstraße 90, www.theater-olpketal.de
Anfahrt Bus 447 (Dahmsfeldstraße oder Olpkebach); Eintritt 22 Euro

054 U-Turm

Den Beinamen „kultureller Leuchtturm" kann man ruhig wörtlich nehmen: Die „Fliegenden Bilder" von Filmemacher Prof. Adolf Winkelmann lassen den U-Turm als Zentrum für Kunst und Kreativität weit in die Stadt strahlen.

Dabei gerät fast in Vergessenheit, dass der Backstein-Koloss eigentlich ein Denkmal der Brauerei-Geschichte ist. 1926/27 wurde der Turm als Kellerei-Hochhaus der Union-Brauerei nach Plänen des Architekten Emil Moog gebaut. Er bot ideale Produktionsbedingungen und machte die Union-Brauerei damals zur Nummer 1 in Deutschland. Nicht zuletzt gilt der Turm als erstes Hochhaus der Stadt. Die zwölf Meter hohen, mit Blattgold verzierten U-Buchstaben kamen allerdings erst 1968 aufs Dach. 1994 wurde die Produktion eingestellt. Und es dauerte mehr als zehn Jahre, bis wieder Leben in den Turm einkehrte. Als ein Aushängeschild für die Europäische Kulturhauptstadt 2010 wurde er für mehr als 83 Millionen Euro – 28 Millionen mehr als ursprünglich geplant – saniert und nach den Plänen des Dortmunder Architekturbüros Gerber umgebaut.

Sehenswert ist schon das gewaltige Foyer über sieben Etagen, die unter anderem das Museum Ostwall und den Hartware MedienKunstVerein beherbergen. Unten laden die „Ruhrpanoramen" mit charakteristischen Film-Ansichten des Ruhrgebiets zum Verweilen. Auch die Rolltreppenfahrt aufwärts ist ein Erlebnis dank Adolf Winkelmanns Film-Inszenierung „Neun Fenster". Von der Besucherterrasse und vom Restaurant in der obersten Etage aus hat man einen grandiosen Blick auf die Stadt. Schade nur, dass die hohen Kosten für das „Dortmunder U" die kulturelle Leuchtkraft bislang überstrahlen. Oli

Adresse Leonie-Reygers-Terrasse, www.dortmunder-u.de **Anfahrt**
U-Bahn 43/44 (Westentor); geöffnet di/mi 11-18 Uhr, do/fr 11-20 Uhr,
sa/so 11-18 Uhr; Eintritt ins Gebäude kostenlos. Die Ausstellungen
im Museum Ostwall oder HMKV kosten in der Regel 5 Euro, ermäßigt
2,50 Euro, Kombitickets 8 Euro, ermäßigt 4 Euro. **Tipp** Führungen
bietet DORTMUNDtourismus, Tel. 0231-18999-444. Im „Kino im U"
laufen Klassiker, Dokumentationen, Künstler-Filme oder Filme, die
zum Ausstellungsprogramm passen (www.kino-im-u.de)

055 Bittermark

Es ist das größte zusammenhängende Waldgebiet der Stadt und zugleich der Stadtbezirk, in dem die Bewohner am meisten Platz haben. In der Bittermark im Dortmunder Süden teilen sich rund 2.600 Menschen 363 Hektar Fläche. Damit erreicht die Bevölkerungsdichte den niedrigsten Wert in ganz Dortmund. Tatsächlich tummeln sich die Bewohner auf rund einem Drittel des Gebiets, der große Rest ist Wald. Kein Wunder also, dass die Immobilien- und Grundstückspreise hoch sind und die Bittermark als gehobenes Wohnviertel gilt. Die Bewohner verdienen im Schnitt übrigens 85 Prozent mehr als der Durchschnitts-Dortmunder.

Einst ein Teil des Landkreises Hörde, wurde die Bittermark 1925 – wie später auch andere Teile des damaligen Hörde – der Stadt Dortmund zugeschlagen und eingemeindet. Heute gehört die Bittermark zum Stadtbezirk Hombruch. Das große Waldgebiet erstreckt sich nördlich und südlich der Autobahn 45, durch beide Teile fließt der Olpkebach. Im nördlichen Teil, dem Dortmunder Stadtforst, findet sich das kleine Naturschutzgebiet „Hülsenwald in der Hacheneyer Mark".

Etwas südlich davon begegnen Wanderer einer dunklen Seite der Geschichte: Ein Mahnmal erinnert an die Ermordung von etwa 300 Zwangsarbeitern und Oppositionellen durch die Hörder Gestapo in den letzten Wochen des Zweiten Weltkriegs. Erschaffen wurde das Mahnmal 1960 vom Hagener Künstler Karel Niestrath und dem Dortmunder Architekten Will Schwarz. Jährlich an Karfreitag wird dort der Toten gedacht. Im Inneren des Mals befindet sich eine Krypta, in der symbolisch eines der Opfer bestattet wurde. Die Krypta wurde zu französischem Gebiet auf deutschem Boden erklärt und ist ein Zeichen der Freundschaft zwischen Deutschland und Frankreich. ds

Anfahrt Buslinie 447 (Casinobus) bis Wohnstift Augustinum. Pkw: „Olpketalstraße" ins Navi eingeben. **Tipp für Sportler** Auf den Seiten von DORTMUNDtourismus finden sich vier Laufstrecken in der Bittermark zwischen 2 und 16 Kilometern, www.dortmund-tourismus.de

056 Bolmke und Schultenhof

Solch eine wohltuende Stille nahe der Stadt. Wer öfter durch die Bolmke spaziert oder joggt, weiß das 56 Hektar große Wäldchen zu schätzen. Neuerdings wird es nochmals aufgewertet durch einen geradezu idyllischen Teil der renaturierten Emscher, die sich dort, endlich aus ihrem Betonbett befreit, auf einer Länge von drei Kilometern entlang schlängelt – fast so wie vor der Industrialisierung.

Man könnte die Mitarbeiter des benachbarten WDR-Landesstudios glatt beneiden, die sich hier in der Mittagspause ergehen können, wenn sich die Nachrichten mal nicht überstürzen. Jenseits der Ardeystraße lockt außerdem noch der beinahe direkt angrenzende Rombergpark. Grünes Herz, was willst du mehr?

Die Bolmke beginnt direkt südlich des Signal-Iduna-Parks. Wer kein Ticket zum Heimspiel ergattert haben sollte, kann von hier aus akustisch exakt verfolgen, wann der BVB wie viele Tore erzielt. Da hat schon mancher im Wald mitgejubelt.

Am südlichen Ende der Bolmke erstreckt sich der Schultenhof – und dort fühlt man sich vollends wie auf dem Lande. Es ist ein weitläufiger Bauernhof mit Kühen, Schweinen, Hühnern, Gänsen, Gemüsezucht und allem, was sonst noch dazu gehört; „natürlich" rundum nach den Prinzipien des ökologischen Landbaus, der Produkte für den eigenen Bioladen und die gemütliche Gastronomie liefert. Auf dem Hof finden behinderte Menschen ein gemeinschaftliches Zuhause und sinnerfüllte Arbeit.

Da gibt's einen tollen Spielplatz mit Bachlauf, einen Heuturm, eine Kletterwand. Und und und. Kinder können hier ganze Tage verbringen – und ihre Eltern manchen Stress vergessen. bke

Adresse Schultenhof, Stockumer Str. 109, www.awo-schultenhof.de
Anfahrt Bus 440 (Leitmeritzstraße) **Tipp** Auf der 800 Meter langen
Finnenbahn-Rundstrecke bietet sich Läufern eine gelenk-
schonende Alternative zur Tartanbahn. Man läuft auf Rinden-
mulch, einer Mischung aus Sägespänen und Baumrinde.

057 Fredenbaumpark und Big Tipi

Wer hart arbeitet, braucht Erholung. Der Fredenbaumpark spielte als grüne Oase der Nordstadt schon vor mehr als 100 Jahren eine wichtige Rolle.

Natur und Ruhe prägen heute den 63 Hektar großen Park am Rande des Hafens. Jogger drehen ihre Runden auf der drei Kilometer langen Laufstrecke (oder erweitern die Laufrunde um den Weg am Dortmund-Ems-Kanal), auf den beiden Spielplätzen vergnügen sich kleine und große Kinder, im Sommer kann man im Ruder- oder Tretboot über den Fredenbaum-Teich schippern und anschließend die Gaststätte Schmiedingslust mitten im Park besuchen. Aber auch als Veranstaltungsort ist der Fredenbaum-Park beliebt. Mittelalterliches Spektakulum, Flohmärkte, Westfalen-Triathlon oder Lichterfest locken Jahr für Jahr Tausende Besucher an.

Das hat Tradition. Die Geschichte des Parks, der aus dem Waldgebiet Westerholz hervorging, beginnt um 1860. Damit ist der Fredenbaum der älteste Stadtpark Dortmunds. 30 Jahre später entstand ein riesiger Saalbau für Konzerte, Feste und Ausstellungen. 1912 eröffnete gleich nebenan ein spektakulärer „Luna-Park" mit Gebirgs- und Wasserbahn, Cafés und Bierzelten. Der Fredenbaum war in dieser Zeit das wohl beliebteste Ausflugsziel weit über die Stadt hinaus.

Von all dem Trubel blieb nach dem Zweiten Weltkrieg nicht mehr viel übrig. Auch wenn der Lunapark einen Superlativ als Nachfolger gefunden hat. Denn an seiner Stelle steht nun das „Big Tipi", größtes Indianerzelt der Welt. Es ist Mittelpunkt einer Erlebniswelt für Kinder und Jugendliche. Geplant als eine der Attraktionen auf der EXPO 2000, wurde das Tipi nach Dortmund verkauft und zum Kletterzentrum umgebaut. Oli

Adresse Schützenstraße/Westerholz/Lindenhorsterstraße **Anfahrt**
U-Bahn 41 (Fredenbaum) **Tipp** Die „Erlebniswelt Fredenbaum"
besteht nicht nur aus dem Big Tipi. Das Gelände drumherum ist
ein wundervoller Abenteuerspielplatz für Kinder und Jugendliche,
Streichelzoo und Lagerfeuer-Romantik inklusive. Angemeldete
Gruppen (Vereine oder Schulen) können dort außerdem u.a. Baum-
klettern, Bogenschießen oder Klimaforschung betreiben. Geöffnet
für alle di–so 10 bis 18 Uhr.

Jogger drehen ihre Runden. Nordic-Walkerinnen schwingen ihre Stöcke. An den Trimm-Geräten des Fitness-Parcours unter dem alten Glockenturm trainieren Spaziergänger müde Muskeln, während Schattenboxer auf der Wiese gegenüber ihre Tai-Chi-Übungen machen. Training statt Trauer auf dem Dortmunder Hauptfriedhof.

Er ist das beste Beispiel dafür, dass Friedhöfe sehr lebendige Orte sein können. Der Hauptfriedhof ist Kulturstätte, grüne Lunge und Erholungsgebiet zugleich. Mit fast 120 Hektar ist er einer der größten Friedhöfe Deutschlands und die größte Grünfläche Dortmunds, fast zweimal so groß wie der Westfalenpark. Nur ein Drittel des Areals ist Bestattungsfläche für 70.000 Gräber.

Schon bei der Planung 1921 haben die Stadtväter formuliert, was der unter Denkmalschutz stehende Hauptfriedhof heute noch ist: „eine stimmungsvolle Stätte zur Aufnahme der Toten und zur Erhebung und Erbauung Trauernder, und er dient ausgiebiger Erholung in frischer, freier Luft und ungetrübtem Genuss von Schönen und Edlen in Kunst und Natur."

Schön und edel wirken auch der Gebäudekomplex am Gottesacker mit der großen Trauerhalle, deren Innenraum 20 Meter hoch ist, dem alten Krematorium und dem runden Kolumbarium, in dem Urnen in Wandnischen aufbewahrt werden.

Bei Spaziergängen oder auf Jogging-Runden kann man Grabstätten bekannter Persönlichkeiten entdecken, etwa die Kellergruft der Familie Mohn (Bertelsmann) oder das Grab des früheren NOK-Präsidenten Willi Daume. Ganz im Osten liegt eine beindruckende Kriegsgräberanlage mit einem zwölf Meter hohen Ehrenmal für Kriegsopfer, im Nordwesten ein ausländischer und jüdischer Friedhofsteil. Oli

Adresse Am Gottesacker 25 **Anfahrt** U-Bahn 47 (Hauptfriedhof)**Tipp** Botanisch Interessierte finden neben einheimischen Baumarten zahlreiche Exoten auf dem Hauptfriedhof, etwa die Orientalische Buche, die Italienische Erle oder den Schnurbaum.

Genau eine Stunde dauert die Rundfahrt über den See. Es gibt Kaffee und Kuchen, der Blick geht ins Grüne. Wer mit der „MS Freiherr vom Stein" über den Hengsteysee schippert, fühlt sich im tiefen Sauerland. Dabei markiert der See die Grenze zwischen den Großstädten Dortmund und Hagen. Eigentlich sind es sogar drei Städte, die sich das See-Ufer teilen. Der Nordwesten gehört zu Herdecke und prägt den Blick auf den See mit seinem Pumpspeicherkraftwerk. 160 Meter stürzt hier das Wasser aus einem Speicherbecken in die Tiefe, um Turbinen anzutreiben und Strom zu liefern. Gebaut wurde das Koepchenwerk von der RWE von 1927 bis 1930 – nahezu zeitgleich mit dem Hengsteysee.

Der ist nichts anderes als ein Stück aufgestaute Ruhr, die sich am Ostrand des Sees mit der Lenne vereinigt. Von 1926 bis 1929 wurde er auf vier Kilometern Länge vom Ruhrverband angelegt – als einer von mehreren Wasser-Reservoirs für die kräftig gewachsenen Städte des Ruhrgebiets.

Einige hundert Meter östlich des Koepchenkraftwerks beginnt das Dortmunder Ufer, das von Steilhängen gesäumt wird und bis zum Campingplatz an der Lenne-Mündung reicht. Die Ruhrbrücke zwischen Dortmund und Hagen ist ein beliebter Treffpunkt für Motorradfahrer, nicht zuletzt wegen der steilen Serpentinenstraße, die hinauf nach Syburg führt. Bei inoffiziellen Motorrad-Rennen gab es hier in früheren Jahrzehnten regelmäßig Tote und Verletzte. Inzwischen ist die Strecke durch Sicherheits-Barrieren weitgehend entschärft.

Die Brücke über den See ist aber auch Ausgangspunkt für einen 6,5 Kilometer langen Rundweg, der bei Spaziergängern, Joggern, Radlern und Skatern sehr beliebt ist. Und wer müde Beine bekommt, kann am Schiffswinkel am westlichen Ende des Sees auf die „Freiherr vom Stein" umsteigen. Oli

Anfahrt Bus 544 (von Syburg nach Hagen Hbf), mit dem Pkw „Dortmunder Straße 100, Hagen" ins Navi eingeben (Anleger Hohensyburg Insel) **Tipp** Die MS Freiherr-vom-Stein fährt von April bis Oktober, Rundfahrt 5 Euro, Kinder 3 Euro; www.personenschifffahrt-hengsteysee.de

060 Hoeschpark

Das Kassenhäuschen steht noch. Bis 1993 musste man hier 10 Pfennig als „Sportgroschen" zahlen. Denn der Hoeschpark hat einen sportlichen Ursprung, wenn auch in dunkler Zeit. 1938 legte die NS-Organisation „Deutsche Arbeitsfront/Kraft durch Freude" den Park an; Kleingärten und die „Weiße Wiese" als erster Sportplatz des BVB mussten weichen. Es entstand eine Werks- und Betriebssportanlage für die Hoesch-Arbeiter der benachbarten Westfalenhütte – mit Radrennbahn, Fußball- und Tennisplätzen. Nach seiner Eröffnung 1941 betrieb die Hoesch AG den Park, der seine große Zeit in den 1950er Jahren erlebte. 1952 eröffnete das mit Fernwärme beheizte Freibad Stockheide. Und auf der steinernen Rennbahn drehten Radstars bei Wettkämpfen vor vollen Zuschauerrängen ihre Runden. Mitte der 1950er Jahre zählte der Park mehr als 1,2 Millionen Besucher pro Jahr.

Mit der Stahlkrise in den 1970er Jahren ging es auch mit dem Hoeschpark bergab. Als Krupp-Hoesch ihn 1995 aufgeben wollte, stand die Grünanlage sogar kurzzeitig vor dem Aus. Die Stadt übernahm schließlich 2004 das Gelände und verpachtete es an die Sportwelt GmbH, die den Park nun gemeinsam mit dem Freibad betreibt.

Es begann im Wortsinn eine neue Blütezeit. Denn mit Hilfe des EU-Förderprogramms Urban II wurde der Park generalüberholt. Neue Wege und Spielplätze locken Familien in den Park, und inmitten der steinernen Überreste der Radrennbahn entstand eine Baseball-Anlage. Mehrere Vereine trainieren im Hoeschpark, auf den Wiesen herrscht multikulturelles Leben. Der Park kann seinem Ruf als grüne Oase oder „Kurpark des Nordens" wieder alle Ehre machen. Und auch der BVB hat seine Wurzeln nicht vergessen. Wann immer es etwas zu feiern gibt, startet der Autokorso im Hoeschpark in Richtung Borsigplatz. Oli

Adresse Kirchderner Straße 35-43 **Anfahrt** U-Bahn 42 (West-falenhütte) **Übrigens** Mitten im Park liegt das ehemalige Stamm-lokal der Hoesch-Arbeiter. Aus dem Klub mit Kegelbahn wurde ein Szene-Club (zurzeit „Mad Club"), der Wochenende für Wochenende mit elektronischer Musik junge Leute anlockt.

Es ist eines der anrührendsten und schönsten Rätsel der Stadt: Carola Lützeler starb vor gut 120 Jahren. Doch noch immer schmücken frische Blumen das Kindergrab mit der kleinen engelsgleichen Mädchen-Figur.

Es ist eines von vielen schönen und eindrucksvollen Gräbern auf dem Ostfriedhof. Er ist – 1876 gegründet – der älteste noch genutzte städtische Friedhof und ohne Zweifel einer der schönsten ein ganz Deutschland. Dazu tragen nicht nur die alten Bäume auf dem 16 Hektar großen Gelände im Osten der Innenstadt bei, sondern auch viele kunstvoll gestaltete Gräber. Gleich ein halbes Dutzend schmücken Figuren des bekannten Dortmunder Bildhauers Benno Elkan. Mehrere Arbeiten von ihm finden sich auf dem jüdischen Teil des Ostfriedhofs, zu dem auch ein Denkmal für die Opfer des Holocaust gehört.

Eines der ältesten Gräber ist das von Henriette Davidis, Deutschlands berühmtester Kochbuch-Autorin. Das größte Grab ist ein Gemeinschaftsgrabfeld für 48 Bergleute, die 1893 bei einem Unglück auf der Zeche Kaiserstuhl ums Leben kamen.

Nicht nur fast 100 Gräber stehen unter Denkmalschutz, sondern auch die Trauerhalle und die am Haupteingang gelegene Verwaltung samt Wohnhaus aus der Gründungsphase.

Der Besucher unternimmt auf dem Ostfriedhof unweigerlich einen Spaziergang durch die Stadtgeschichte. Denn viele Industriellen-Familien fanden dort ihre letzte Ruhestätte, so auch die Familie Hoesch. Ähnlich eindrucksvoll ist die Grabstätte Jucho. Die lebensgroßen Bronze-Figuren auf dem Grab brachte der Brückenbau-Unternehmer Caspar Heinrich Jucho von der Pariser Weltausstellung 1898 mit nach Dortmund. Oli

STLICH GEWESEN

A JUCHO
ENKER

4. est. 21. JANUAR 1910

LINA JUCHO
& FEBR. 1865
gest. FBR. 1915

SO IST ES MÜHE U

CASPAR HEI
JUCH

2. MÄRZ 1843. ge

H

ANNELIESE
ge CARSTAN

°6 OKT

NORBERT PRO VATRO
+ 15 AUG 1942 + 22 FEBR 1982

Adresse Robert-Koch-Straße 35 **Anfahrt** U-Bahn 43 (Funken-burg) **Tipp** Gehen Sie vom Haupteingang aus geradeaus in südliche Richtung. Auf dieser Hauptachse finden sich viele kunstvolle, monumentale Gräber.

Er ist der Benjamin unter Dortmunds Naherholungs-Oasen, Teil des Emscher Landschaftsparks, zieht sich entlang der renaturierten Emscher und verbindet Phoenix-See mit Westfalenpark, Bolmke und Rombergpark.

Ein Gelände der besonderen Art. Auf einer Fläche von 60 Hektar lässt sich im Phoenix Park beobachten, wie Mensch und Natur eine Industriebrache in eine grüne Lunge verwandeln. Die Vergangenheit bleibt sichtbar und verleiht dem Park einen ganz eigenen Reiz. Man bewegt sich im Schatten des Hochofens und ist doch von Natur umgeben.

Vieles ist noch im Werden. Folgt man dem Lauf der Emscher vom Phoenix-See nach Westen, lässt sich beobachten, wie Mutter Natur längs des Bachbettes „gärtnert" und die Böschung begrünt. Erstaunlich schnell hat sich eine Kloake zum idyllisch plätschernden Bächlein herausgeputzt.

Weiter westlich haben Bagger gerade erst die Böschung ausgekoffert, wartet eine Brücke auf Anschluss an den Weg. Das Anfang des 20. Jahrhundert entstandene Viadukt der Schlackenbahn, gebaut vom Dortmunder Brückenbauer Jucho, gibt ein Bild malerischer Ruinen ab, ein Motiv wie von Caspar David Friedrich. Unter den Pfeilern der Brücke, die einst die Halden Hympendahl und Schallacker verband, tummeln sich Goldfische im Teich. Gut möglich, dass es bald auch einen Aussichtspunkt oben auf der Brückenruine gibt.

Nicht weit, und man steht auf einem künstlichen Hügel, befestigt mit Steinen, zwischen denen Sommerflieder und erste Blumen Wurzeln geschlagen haben. Ein schöner Aussichtspunkt. 50 Eichen wurden gepflanzt und werden einmal einen Hain bilden. Regenwasser speist einige Tümpel, Schilf-Gras ist ein dankbarer Neusiedler. Jogger, Hundefreunde, Radfahrer haben den Phoenix Park schon für sich entdeckt. KUB

Adresse St Konrad-Adenauer-Allee/Kreuzung Konrad-Zuse-Allee
Anfahrt U-Bahn 41 (Hörde Bahnhof), U-Bahn 49 (Rombergpark) **Tipp**
Es bietet sich an, die Erkundung vom Phoenix-See aus zu starten.
Dort gibt es Parkplätze, Gastronomie und Toiletten. Der Weg
entlang der Emscher ist asphaltiert. Einen guten Blick auf Hörde
und die Hochöfen hat man von der Halde Schallacker, der Halde
am östlichen Viadukt-Brückenkopf. Nach oben führt ein etwas
versteckter Weg.

063 Rombergpark

Als Spaziergänger fühlt man sich in einen Kurort versetzt. Verwunschene Wege führen durch ein kleines Bachtal, der Blick auf den kleinen See unter uralten Bäumen ist Erholung pur. Keine Frage: Der Rombergpark ist der wohl idyllischste Platz, den „Bad Dortmund" zu bieten hat.

Und er ist ein geschichtsträchtiger Ort. Als Schlossgarten im englischen Stil wurde er Anfang des 19. Jahrhunderts angelegt. Vom alten, im Zweiten Weltkrieg zerstörten Schloss ist leider nicht mehr viel übrig. Die Grundmauern des Schlossturms haben Archäologen unlängst freigelegt. Was aus dem alten Guthof wird, ist noch unklar. Doch in der städtischen Galerie im alten Torhaus von 1681 finden weiterhin Kunstausstellungen statt.

Vor allem strahlt der Schlosspark noch in voller Schönheit. Die fast 300 Meter lange Lindenallee führt in den Botanischen Garten mit seiner einzigartigen Gehölzsammlung, Heilkräutergarten und Heidelandschaft: Im Rombergpark findet sich die weltweit größte künstliche Moor-Heide-Anlage. Es lohnt sich, abseits der Hauptwege die Natur zu entdecken. Zwischen alten Eichen und dem seltenen Taschentuchbaum tummeln sich Eichhörnchen. Die kleinen Bachläufe mit hellrotem Wasser, gespeist aus eisenhaltigen Quellen, erzählen ein Stück Bergbaugeschichte.

Andere Geschichten erzählen die Holz-Skulpturen des Dortmunder Bildhauers Bernd Moenikes, die sich quer durch den Park ziehen. Im Café Orchidee an den Pflanzenschauhäusern fühlt man sich an die 50er-Jahre erinnert. Hier lässt sich der „(K)urlaub im Park" bei Kaffee und Kuchen genießen. Oli

Adresse Am Rombergpark / Mergelteichstraße **Anfahrt** U-Bahn 45 (Rombergpark), DB-Halt DO-Tierpark **Tipp** In der Regel gibt es jeden ersten Sonntag im Monat eine Führung durch den Botanischen Garten. Kosten: 1,50 Euro, Kinder unter 14 Jahre frei. Treffpunkt: Haupteingang am Torhaus.

064 Wannebachtal

Schwarzwald, Eifel oder Sauerland – beim Blick durch das Wannebachtal kann man ins Zweifeln kommen, ob man wirklich in einer Großstadt, noch dazu im Ruhrgebiet ist. Wiesen, kleine Waldstücke, Bauernhöfe, Kühe und Pferde prägen das Bild. Das Wannebachtal, das sich über Kilometer zwischen Westhofen und Syburg zieht, ist ein idyllisches Naturparadies. Rechts und links des kleinen, kaum verschmutzten Wannebachs lebt die Wasseramsel, wachsen Sumpfbinse, Rohr-Glanzgras, Knick-Fuchsschwanz und Sumpfdotterblume.

Bis 1975 bildete der Bachlauf die südöstliche Stadtgrenze Dortmunds – noch heute müssen Dortmunder die Schwerter Vorwahl wählen, um Anwohner jenseits des Wannebachs zu erreichen. Viele sind es ohnehin nicht. Denn Neubauten sind tabu. Die Chancen, dass die Idylle erhalten bleibt, stehen gut. Gemeinsam mit dem westlich gelegenen Fürstenbergholz – ein Wald mit kleinem Moor – steht das 95 Hektar große Areal unter Naturschutz.

Am Nordrand des Wannebachtals, in der Reichsmark, ist der Dortmunder Golfclub beheimatet. Auch seine 18-Loch-Anlage lockt mit seiner landschaftlich reizvollen Lage. Nicht-Golfer können auf ausgedehnten Spaziergängen die herumliegenden Golf-Bälle einsammeln, Pflanzen und Vögel bestimmen – oder sich mit dem Mountainbike auf Tour begeben. Oli

Adresse z.B. Wannestraße, Reichsmarkstraße oder Limbecker Postweg **Anfahrt** Bus 432 (Wannestraße), 442 (Reichsmark) **Tipp** Wanderungen durchs Wannebachtal bietet unter anderem der BUND, www.bund-dortmund.de.

BVB-Stadiontour

Spüre das Adrenalin!

Blicken Sie hinter die Kulissen des SIGNAL IDUNA PARK und lassen Sie sich von diesem intensiven Erlebnis faszinieren. Die BVB-Stadiontour führt Sie an nicht öffentlich zugängliche Plätze rund um den BVB. Vom BORUSSEUM starten Sie eine Besichtigungsrunde durch den SIGNAL IDUNA PARK und besuchen die Pressetribüne, die Mixed-Zone und die Spielerkabine, den Rasenrand, die Trainerbank und das Stadiongefängnis.

Jetzt neu: die BVB-Stadiontour PLUS(süd) inkl. Besichtigung der „Gelben Wand" im Ruhezustand.

Tickets sind in allen BVB-Vorverkaufsstellen oder im BORUSSEUM erhältlich. Reservierungen sind leider nicht möglich.

Alle Infos unter:
www.bvb.de/stadiontour

Echte Liebe.

065 Westfalenpark

Rote Flamingos und bunte Blumen vor der Kulisse rauchender Hochöfen. Dieses Bild wurde zum Symbol für Dortmund als Industriestadt im Grünen und prägte lange das Selbstbewusstsein der Stadt. Von den Hochöfen ist nur noch ein Denkmal übrig. Der Westfalenpark gilt aber wie bei seiner Eröffnung mit der Bundesgartenschau 1959 als größter und schönster Garten der Stadt.

Bei seiner Eröffnung sorgte der Florianturm für Aufsehen: Mit 220 Metern war er damals das größte Bauwerk Deutschlands. Zu seinen Füßen startet wie ehedem (wenn auch mit moderner Technik) die Parkbahn. Sie bietet die beste Möglichkeit, den Westfalenpark in seiner ganzen Größe und Schönheit zu erkunden. Aus luftiger Höhe ist das auch mit der Sesselbahn möglich, die ebenfalls schon 1959 unterwegs war.

Die letzte Runderneuerung bekam der Park vor mehr als 20 Jahren zur Bundesgartenschau 1991. Damals entstand unter anderem der Spielbogen. Der mit Spielgeräten gesäumte Weg verbindet den Langnese-Spielplatz am alten Kaiserhain mit dem beliebten Robinson-Spielplatz am Rande von Hörde. Generationen junger Dortmunder haben sich dort ausgetobt. An der Mitte des Spielbogens liegt im denkmalgeschützten Park-Café von 1959 die Altenakademie – bester Beleg dafür, dass sich im Westfalenpark alle Generationen wohlfühlen.

Beliebt ist der Westfalenpark auch als Veranstaltungsort – ob zu Schlager-Partys oder dem „Juicy Beats"-Festival. Zum Trödelmarkt im Park kommen mehrfach im Jahr Zehntausende. Höhepunkt der Saison ist das Lichterfest mit Höhenfeuerwerk. Bei älteren Dortmundern werden dann Erinnerungen an die alten Zeiten wach, als im Süden des Parks noch die Hochöfen glühten. Oli

Adresse Eingänge u.a. An der Buschmühle, Ruhrallee, Florianstraße, Baurat-Marx-Allee, www.westfalenpark.de **Anfahrt** U-Bahn 45, 49 (Westfalenpark), U-Bahn 41, 47 (Märkische Straße), geöffnet mo-so 9-23 Uhr (Eingang Florianstraße), Eintritt 3 Euro, Kinder ab 4 Jahren 1,50 Euro **Tipps** 1. Das Kindermuseum mondo mio (Eingang Ruhrallee) schickt Kinder ab 3 Jahren auf Entdeckungsreise durch die Kulturen. 2. Im ehemaligen Sonnenenergieforum (Nähe Eingang Florianstraße) kann man dem Dortmunder Ballett beim Training zuschauen. 3. Der Verein Spielbogen im Regenbogenhaus betreibt den Wasserspielplatz, bietet Ferien- und Kreativworkshops und organisiert Nachtwanderungen: www.spielbogenverein.de

066 Westpark

Wer hungrig ist, darf hier keine empfindliche Nase haben. Rauchschwaden und Grillduft ziehen durch den Westpark, sobald die ersten Sonnenstrahlen wärmen. Der Grünzug im Westen der Innenstadt ist der wohl bunteste und belebteste Park der Stadt. Zwischen Picknickdecken und Grillrosten drehen Jogger ihre Runden, tummeln sich im Sommer Musiker und Lebenskünstler, Fußball spielende Kinder und Boule-Spieler. Wer nicht auf der Wiese ausspannt, trifft sich im Café Schneckenhaus oder im Café Erdmann, dem Biergarten rund um ein denkmalgeschütztes altes Backsteinhäuschen.

Für Schwung mitten im Park sorgt auch eine Tanzfläche, auf der sich Salsa-, Tango- und Swing-Freunde treffen. Auf neuen Spielplätzen vergnügt sich der Nachwuchs aus Union-, Klinik- und Kreuzviertel. Der Westpark ist ein Garten für alle mitten in der Großstadt.

Ein paar historische Grabsteine im Osten des Grüns erinnern allerdings daran, dass der Westpark mal eine ganz andere Bestimmung hatte. Er war der erste Friedhof der Stadt. 1811 wurde er als „Westentotenhof" vor den Toren der Stadt angelegt, nachdem ein napoleonisches Dekret Beerdigungen auf den Kirchhöfen innerhalb der noch bestehenden Stadtmauern verboten hatte. Bis zur Einrichtung des Ostfriedhofs blieb er der einzige Friedhof in der rapide wachsenden Stadt, bis er nach der Anlage von Südwestfriedhof 1893 und Hauptfriedhof in den 1920er Jahren ganz ausgedient hatte. Übrig blieben der schöne alte Baumbestand und einige historische Grabsteine. Das 1869 entstandene Löwendenkmal von Melchior Anton zur Strassen im nördlicher Teil des Parks ist sogar das älteste Denkmal der Stadt. Es erinnert an zehn im Deutschen Krieg gefallene Soldaten aus Dortmund.   Oli

Adresse Möllerstraße/Rittershausstraße / Lange Straße **Anfahrt** S-Bahn 4 (Möllerbrücke), U-Bahn 42 (Möllerbrücke) oder U-Bahn 44 (Unionstraße) **Tipp** Der kleine Friseurladen samt Café „Kinkys Friseur im Park" an der Rittershausstraße war einmal eine öffentliche Toilette, die der Friseurmeister Frank Griewel liebevoll umgebaut hat – in der Pinkelrinne schwimmen heute Goldfische.

067 Zoo

1500 Tiere leben auf 28 Hektar, direkt neben dem Romberg-park im schönsten Grün: Im Dortmunder Zoo treffen die Besucher Tiger, Giraffen, Ameisenbären und Nashörner – insgesamt 230 verschiedene, mitunter exotische Tierarten aus den entlegensten Flecken dieser Erde.

Gebaut wurde der Zoo 1953 über dem Grubenfeld der ehemaligen Zeche Glückaufsegen, wie sollte es in Dortmund anders sein. Von Bergbau ist heute nichts mehr zu spüren, stattdessen tauchen die Besucher in das Reich der Tiere ein, treffen Säugetiere, Vögel, Reptilien, Amphibien und Fische. Besonders beliebt bei den Besuchern sind natürlich die Tierbabys.

Sandra, der Große Ameisenbär, wurde schon 1994 im Dortmunder Zoo geboren. Heute ist sie Oma. Insgesamt haben über 60 Große Ameisenbären im Herzen des Ruhrpotts das Licht der Welt erblickt – Dortmund gilt deshalb auch als „Welthauptstadt der Ameisenbären". Der Große Ameisenbär ist nur eine von vielen bedrohten Tierarten, die im Zoo fortbestehen. Auch die Riesenotter, die häufig vergnügt durch ihr Becken planschen, sind in der freien Natur nur selten zu sehen. Eine Attraktion ist auch Orang-Utan Walter.

Furcht einflößend sind die Tiger, frech die Erdmännchen, zum Streicheln die Ziegen. Die Besucher dürfen zuschauen, wenn Pinguine, Seelöwen und Faultiere Essen bekommen und wenn der Schabrackentapir baden geht. An den Erlebnisstationen messen sich vor allem Kinder gerne mit den Tieren: Können sie so weit springen wie ein Känguru? Oder so gut klettern wie ein Brillenbär? Ein Besuch im Zoo gibt die Antwort. joo

Adresse Mergelteichstr. 80, www.dortmund.de/zoo **Anfahrt** U-Bahn 49 (Hacheney); geöffnet März bis Oktober täglich 9-18.30 Uhr, November bis Februar 9-16 Uhr, Eintritt 7,50 Euro, ermäßigt 4 Euro **Tipps** Für Verlobte: In Raubtier-, Tamandua-, Giraffen- oder anderen Tierhäusern kann man sich standesamtlich trauen lassen. Für Kinder: In den Ferien bietet der Zoo ein halb- oder ganztägiges Ferienprogramm. Auch Geburtstage kann man buchen Für alle: Einmal im Monat kann man die Tiere „nach Feierabend" bei der Führung „Zoo bei Nacht" beobachten. Traumjob Tierpfleger? Für 200 Euro darf man einen halben Tag lang mitlaufen und helfen.

Suchen Mountainbiker eine sportliche Herausforderung, werden sie hier oben fündig: Auf dem rund 50 Meter hohen Deusenberg zwischen Huckarde und Deusen wartet eine Mountainbike-Arena, die sowohl für Cracks als auch für Anfänger geeignet ist. In mehreren Bereichen sind spezielle Trails abgesteckt, außerdem gibt es Hindernis-Parcours mit Steilkurven, Wellenbahn oder Tables.

Die Mountainbike-Recken sind dort oben allerdings nicht allein. Vor allem an Wochenende ist der Deusenberg beliebtes Ausflugsziel, denn von hier oben liegt einem die Stadt zu Füßen. Praktisch die gesamte Innenstadt mit ihren Landmarken ist von dort gut zu sehen. Ein besonderes Spektakel bietet sich an Silvester: Bewohner der benachbarten Stadtteile lassen auf dem Deusenberg ihre eigenen Raketen höher als anderswo in den Himmel fliegen und genießen zugleich den Blick auf die feurigen Neujahrsgrüße in der City. Im Herbst ist der Deusenberg ein guter Ort, seinen Drachen steigen zu lassen.

Entstanden ist der Deusenberg übrigens aus Müll. Bis Anfang des Jahrtausends karrten hier die Müllwagen der Entsorgung Dortmund (EDG) ihr Eingesammeltes ab. Danach wurde die Halde versiegelt, mit Wiesen und Bäumen begrünt und die Mountainbike-Arena angelegt. Nebenbei ist der Deusenberg auch ein kleiner Fernsehstar: Der WDR machte ihn 2012 zur „Mordskulisse" und ließ die Kommissare des „Tatort" aus der Westfalenmetropole ihre erste Leiche auf dem Deusenberg finden. ds

Anfahrt U-Bahn 47 (Buschstraße). Pkw: „Lindberghstraße " ins Navi eingeben.

069 Freibad Froschloch

34 Grad Celsius. Die Luft steht – auf der Straße, in der Wohnung, selbst bei geöffnetem Fenster. Auf zum Froschloch. Bloß irgendwie hin zu dieser Freibad-Oase, die die Strapazen der Anfahrt direkt hinter der Kasse vergessen lässt.

Der Blick geht in die Weite. Links das Kleinkinder-Becken mit Mini-Rutsche und sprudelndem Wasser. Rechts die Strandkörbe, Sand vor dem Becken, Sand im knietiefen vorderen Teil des Beckens. Dahinter Natursteine im Wasser. Die Rutsche, die kurz ist, aber den Kindern völlig ausreicht. Irgendwo noch weiter hinten gibt es ein Schwimmerbecken, einen Spielplatz, viel Wiese und ein Volleyballnetz.

Der eigentliche Grund, warum dieses Freibad so besonders ist, der liegt noch weiter hinten. In begrünten Becken wird das Wasser auf natürliche Weise gereinigt. Das Froschloch ist seit einem knappen Jahrzehnt ein Naturbad, das komplett ohne Chlor auskommt. Vielleicht ist das auch der Grund, warum das Treiben zwischen Pommes, Eis, Handtuch und Rutsche hier ein wenig unwuseliger wirkt als anderswo.

Natürlich ist es voll an Tagen wie diesen. Aber im Froschloch ist's dennoch wie am Meer. Kleinkinder matschen Sand-Wasser-Pampe in den Eimer. Mamas und Papas können mitmachen, können aber auch aus ein paar Metern Entfernung ihre Ruhe genießen. Im Strandkorb liegen, falls sie einen ergattert haben, oder im warmen trockenen Sand. Im Hintergrund winkt vielleicht der Große von der Rutsche: Mamaaa, kuck maaa! Und dann winkt die Mama, nimmt einen Schluck Kaffee (der dort auch nicht schlecht ist) und denkt sich: Ach, bei 34 Grad – was muss ich da noch nach Italien? bja

Adresse Löttringhauser Straße 103, www.sportwelt-dortmund.de
Anfahrt Bus 448 (Froschloch), in der Saison geöffnet mo 13-19 Uhr,
di bis so 10-19 Uhr, Eintritt 3 Euro, Kinder 2 Euro

070 Fußballplatz

Sonntags steht Dortmund auf dem Platz. Dann kämpfen die Kicker in den Amateurligen um Punkte, eifern ihren Idolen bei der Borussia nach und feilen an ihrer eigenen Karriere – und Zehntausende Dortmunder schauen zu. Ein Nachmittag am Fußballplatz. Das gehört in Dortmund eben dazu.

Um höchste spielerische Finesse geht es in den unteren Ligen nicht immer. Vielmehr um den Spaß am Volkssport Nummer Eins. Und gekämpft wird auch in der Kreisliga B um jeden Ball. Eine umstrittene Schiedsrichter-Entscheidung – und schon erhitzen sich die Gemüter, auf dem Platz und an der Seitenlinie, wo Freunde, Bekannte, Vereinsmitglieder das Spiel verfolgen – und nebenbei Bratwurst und Bierchen verputzen. Zum Derby kommt's in den Kreisligen fast jede Woche. Und diese Duelle elektrisieren die Amateur-Kicker ebenso sehr wie die Mutter aller Derbys, das große Duell zwischen Borussia Dortmund und Schalke 04.

Von Alemannia Scharnhorst bis Westfalia Wickede - anders als in den großen Stadien sind die Zuschauer ganz nah dran. Sie fachsimpeln über den Fußball, diskutieren hitzig über das Spiel, mischen sich auch gern mal ein, während die Spieler über die rote Asche sprinten. Bei strömendem Regen wird das Spiel auf dem Tennenplatz zur Schlammschlacht – aber auch das hat Tradition. Von den 78 Sportplätzen hat ein Großteil, nämlich 49, noch den typischen – und ungeliebten – Aschebelag.

Wunderbare Spielzüge, technisch versierte Pöhler und sensationelle Tore gibt's nicht nur in der Bundesliga. Der Weg zum nächsten Sportplatz reicht manchmal schon aus. joo

Tipp Nachrichten rund um den Dortmunder Amateur-Fußball gibt es unter www.ruhrnachrichten.de/lokales/dortmund/sport oder unter www.dortmunder-asche.de.

071 Galopprennbahn

Das Jubiläum ist gar nicht mal rauschend gefeiert worden, doch es war wirklich bedeutsam: 100 Jahre alt ist die Galopprennbahn in Dortmund-Wambel im Juli 2013 geworden. Eine stolze Tradition, die letztlich sogar noch weiter zurück reicht. Es gab seit 1893 eine Vorläuferstrecke an der Buschmühle (heute Westfalenpark), doch das weiß heute kaum noch jemand.

Die ganz großen Jahrzehnte des Turfsports sind leider vorüber, doch wenn in Wambel Renntag ist, steigt immer noch das Fieber – vor allem an den Wettschaltern und beim Zieleinlauf. Wenn dort die „falschen" Pferde vorne liegen, können auch gesetztere Herrschaften schon mal ein wenig die Nerven verlieren. Insofern ist die bundesweit bekannte Bahn, die den ganzen Winter hindurch genutzt werden kann, nicht zuletzt ein hervorragender Ort, um Menschen zu beobachten.

Der Charme der Anlage besteht auch im imponierenden Gebäude-Ensemble aus den Gründerjahren, das unter Denkmalschutz steht. Im Inneren der Bahn befindet sich seit einigen Jahren als zusätzliche Attraktion ein 9-Loch-Golfplatz. Außerdem wird das weitläufige Gelände ringsherum für Antik- und Flohmärkte genutzt. Der herrlich gelegene Biergarten hat derzeit keinen Pächter, doch das soll sich möglichst bald wieder ändern. bke

Adresse Rennweg 70, www.dortmunder-rennverein.de **Anfahrt**
S-Bahn 4 (Dortmund-Körne), Buslinie 427 (Rennbahn) **Tipp** Direkt
nördlich der Rennbahn, entlang der S-Bahn-Linie 4, kann man auf
einer schier endlos langen Mauer legal geschaffene und ziemlich
künstlerische Graffiti bestaunen.

Aller guten Dinge sind drei, und so buhlen in Dortmund gleich drei Plätze um die Gunst der Golfer. Stadtnah und günstig bietet die 1994 eröffnete GolfRange mit ihrer 9-Loch-Anlage im Herzen der Wambeler Pferderennbahn gute Übungs- und Spielmöglichkeiten. Gleich nebenan wartet der Royal Saint Barbara's Golf Club mit seinen 18 Löchern auf, very british. Denn dieser Club wurde 1969 von Soldaten der Britischen Rheinarmee gegründet. Auf dem Gelände des ersten Dortmunder Flughafens entstand nach den Plänen eines Essener Architekten eine weite Parklandschaft mit schönem Baumbestand.

Mit seiner Nähe zum Sauerland wirbt dagegen Dortmunds ältester Golfclub. Eingebettet in die sanfte Hügellandschaft des Ardeygebirges liegt der Platz mit seinen 18 Bahnen zwischen der Reichsmark und der Hohensyburg. Diese Anlage, die bereits 1956 von Golf begeisterten Dortmundern aus der Taufe gehoben wurde, ist ein Erlebnis zu allen Jahreszeiten: Im Frühling sprießt erstes zartes Grün, im Sommer breiten die uralte Lärchen und Eichen ihr schattiges Blätterdach aus, und im Herbst lassen sie ihre bunten Blätter auf die Fairways rieseln. Die Ruhe und die Weitläufigkeit dieses Platzes mit seinen wunderschönen Ausblicken auf Fauna und Flora übertragen sich schnell auf die Spieler. Denn es braucht absolute Konzentration, um den kleinen Ball ins ebenso kleine Loch zu befördern. Die breiten Bahnen täuschen ein leichtes Spiel vor, doch Vorsicht, viele Löcher müssen bergauf angesteuert werden, und so manches Grün ist beim Abschlag nicht zu sehen. Aber genau das macht ja den Reiz eines schönes Spiels aus. Wi

Adresse 1 Dortmunder Golf Club: Reichsmarkstr. 12, www.dort-munder-golfclub.de **Adresse 2** Golfclub GolfRange Dortmund Rennweg 70, www.golfrange.de **Adresse 3** Royal Saint Barbara's Dortmund Golf Club e.V.: Heßlingsweg, www.golfclub-dortmund.de **Tipp** Die DGV-Platzreife (Deutscher Golfverband) ist Bedingung, um auf einem Golfplatz spielen zu dürfen. Die Platzreife erwirbt der Golfer in der Regel bei seinem Golflehrer. Ein Schnupperkurs vermittelt einen ersten Eindruck, z.B in der Golfrange (2 Stunden, 19 Euro).

073 Rad-Niere

Offiziell heißt er „Radrundstrecke Steinklippenweg", viel bekannter unter Radfreunden aber ist der Begriff „Dortmunder Niere" oder einfach „Niere". Idyllisch gelegen südlich des Westfalenparks, zwischen der Bahnlinie an der Buschmühle und der Emscher, kommen Radsportler auf dem 798 Meter langen, asphaltierten Rundkurs so richtig auf Touren. Warum die Strecke „Niere" heißt, erkennt man von oben: Sie ist wie das Organ geformt.

Über 30 Radsportvereine und zahlreiche ambitionierte Hobbysportler aller Altersgruppen trainieren auf dem beliebten Rundkurs. Schon früh am Morgen drehen dort die ersten Pedalisten ihre Runden und halten nicht selten erst nach mehr als 50 Kilometer wieder an.

Zu verdanken haben die Dortmunder die Niere – wie übrigens auch viele weitere Sportstätten bis hin zum Westfalenstadion – dem langjährigen Sport- und Personaldezernenten der Stadt Dortmund, Erich Rüttel. Auf seine Initiative hin wurde die Radstrecke 1980 gebaut. Kosten: 270.000 DM.

Die Niere wird heute von den Sport- und Freizeitbetrieben der Stadt unterhalten und gepflegt. In jedem Frühjahr treten radbegeisterte Jugendliche auf der Niere beim „Erik-Zabel-Nachwuchs-Cup" an. Und jährlich tragen die Dortmunder Radsportvereine dort ihre Sommerbahnmeisterschaft aus. Wer die Niere noch nicht gefahren ist, sollte sie ausprobieren – aber schnell. ds

Adresse Steinklippenweg **Anfahrt** mit dem Pkw „An der Busch-mühle 36" (Parkplatz am Westfalenpark) ins Navi eingeben.

074 Revierpark Wischlingen

Wer in den Revierpark fährt, muss sich entscheiden: Solebad samt Saunalandschaft? Klettern im Seilgarten? Bötchen fahren und die vielen Spielplätze abklappern, Tennis oder Minigolf spielen? Auf 40 Hektar sorgt der Revierpark Wischlingen in Dortmunds Nordwesten für Spaß und Entspannung. Von Oktober bis März öffnet außerdem die Eishalle. Die weitläufigen Wiesen sind Schauplatz von Veranstaltungen, etwa des PollerWiesen-Festivals jeweils Ende Mai. Zu den neuesten Errungenschaften gehört die erste Dortmunder Frisbeegolfanlage, bei der ein vorgegebener Hindernis-Parcours mit möglichst wenig Würfen durchspielt werden muss.

Ein lohnendes Ziel liegt am nordwestlichen Ende des Revierparks. Dort findet sich eine kleine Kapelle, das letzte Überbleibsel des Ritterguts Wischlingen, einst Heimat von Teilen der Adelsgeschlechter Syberg und von Sydow. Das Gut musste 1903 abgerissen werden, die Kapelle wurde als Teil des Revierparks renoviert. In dem sakralen Fachwerkbau wurde der erste evangelische Gottesdienst auf westfälischem Boden gefeiert, heute ist die Kapelle der beliebteste Ambiente-Ort für standesamtliche Trauungen.

Im Süden geht der Revierpark nahtlos über in das Naturschutzgebiet Hallerey, in dessen Mitte ein großer See und Sümpfe liegen. Mit etwas Glück lassen sich bei einem Spaziergang Graureiher, Blesshühner, Wasserfledermäuse oder Abendsegler beobachten. Eine Kolonie Lachmöwen hat dort ebenfalls eine Heimat gefunden.

Der Revierpark Wischlingen ist einer von fünf: Auch in Herne, Gelsenkirchen, Oberhausen und Duisburg gibt es Revierparks mit Sportanlagen. Die Idee, für die Bevölkerung im Industriegebiet Park- und Freizeitlandschaften zu schaffen, stammt aus den 1920er Jahren, verwirklicht wurde sie aber erst in den 1970er Jahren. ds

Adresse Höfkerstraße 12, www.wischlingen.de **Anfahrt** S-Bahn 2 (Wischlingen) **Tipp** Von April bis Oktober starten im Revierpark regel-mäßig Heißluftballone, kurz nach Sonnenaufgang oder zwei, drei Stunden vor Sonnenuntergang **Infos** www.skytours-ballooning.de

075 Signal Iduna Park

Die gelben Pylonen ragen markant in den Himmel. Sie weisen schon von weitem den Weg zum sportlichen Herz der Stadt: dem größten Fußballstadion Deutschlands, der Heimat von Borussia Dortmund. Der Signal Iduna Park feiert 2014 seinen 40. Geburtstag – und war in weniger als einem halben Jahrhundert schon Austragungsort vieler unvergessener, spannender, historischer Fußballspiele.

Alle zwei Wochen herrscht in Dortmund Ausnahmezustand. 80.000 überwiegend schwarzgelb gekleidete Menschen pilgern an die Strobelallee, um mitreißenden Fußball zu erleben. Aushängeschild des 1974 erbauten Stadions: die Südtribüne. 25.000 BVB-Fans stehen dort dicht an dicht, geben den Ton, singen und schreien ihr Team zum Sieg. Die „Gelbe Wand" ist Gänsehaut-Garant für jeden, der das Stadion zum ersten Mal betritt – selbst für die, die seit Jahrzehnten herkommen.

Die britische Tageszeitung „The Times" kürte den Signal Iduna Park vor vier Jahren zum besten und schönsten Stadion der Welt. Schön nicht zwingend wegen seiner Optik, vielmehr wegen seiner beeindruckenden Ränge, auf der die treuen Fans inbrünstig ihren BVB anfeuern.

Gebaut wurde das Stadion von 1971 bis 1974, am 2. April 1974 mit einem Benefiz-Revierderby gegen Schalke 04 eröffnet. In drei Ausbaustufen wurde die Zuschauer-Kapazität durch neue Oberränge und den Ausbau der Stadionecken erhöht - heute sind es 80.645 Plätze.

Aus finanziellen Gründen hat Borussia Dortmund Ende 2005 die Namensrechte seines Stadions verkauft: Seither heißt das Westfalenstadion Signal Iduna Park. Viele Fans benutzen weiterhin den alten Namen. Daran erinnert auch die von der Strobelallee abzweigende Straße „Am Westfalenstadion". joo

Adresse Strobelallee 50, www.signal-iduna-park.de **Anfahrt** U-Bahn 45/46 (Westfalenhallen, an Spieltagen: Stadion), U-Bahn 42 (Theodor-Fliedner-Heim) **Tipp** Außer an Heimspieltagen gibt es täglich (mehrere) Führungen durchs Stadion; dienstags um 12 Uhr führt BVB-Legende Aki Schmidt. Infos unter www.stadion-live.de.

Es dreht sich längst nicht alles um Fußball in Dortmund. Eine der wichtigsten Sportstätten der Stadt wurde nach dem Zweiten Weltkrieg an der Ruhrallee errichtet. Das Südbad ist Dortmunds ältestes Hallenbad und das einzige mit 50-Meter-Becken. Es ist daher Austragungsort für wichtige Schwimmwettkämpfe und Veranstaltungen der Dortmunder Schwimmvereine.

Durch die riesige Glasfassade an der Ostseite des Gebäudes flutet Licht in das geräumige Bad. Die Schwimmer ziehen ihre Bahnen, lassen sich ab und an von dem markanten Wandfliesenmosaik an der Nordwand ablenken. Auf den Zuschauerrängen ist es ruhig. Aber wenn die besten Schwimmer Deutschlands um die Meisterschaft streiten, dann wird es richtig laut in dem atmosphärischen Bad.

Die erste Badeanstalt der Stadt eröffnete 1878 an der Ruhrallee. Im Krieg wurde sie zerstört. Das Südbad in seiner heutigen, denkmalgeschützten Form wurde 1960 an gleicher Stelle gebaut, ein 50er-Jahre-Bau mit gewölbtem Dach und leichter, durchsichtiger und eleganter Architektur.

Weil das Hallenbad damals den modernsten Ansprüchen entsprach, war es bis 1971 Schauplatz der wichtigsten Schwimmwettbewerbe Deutschlands. Neben den Deutschen Meisterschaften fanden dort auch Olympia-Ausscheidungen für Mexiko 1968 statt – etliche Rekorde wurden aufgestellt.

Zuletzt war das Bad in die Jahre gekommen. Von 2003 bis 2007 wurde es geschlossen und saniert. Dank eines neuen Edelstahl-Schwimmbeckens ist es nun wieder bereit für Wettbewerbe. Zuletzt fand im Februar die Deutsche Mannschaftsmeisterschaft statt. joo

Adresse Ruhrallee 30, www.dortmund.de/schwimmbaeder
Anfahrt S-Bahn 4, U-Bahn 41/45/47/49 (Stadthaus); geöffnet di+do
6 bis 19 Uhr, mi 6-20 Uhr, fr 6-18.30 Uhr, sa 8-16 Uhr, so 8-12 Uhr;
Eintritt 3,30 Euro, ermäßigt 2,20 Euro **Tipp** Das Südbad ist in erster
Linie Sportlerbad und bietet sich für alle an, die in Ruhe ihre Bahnen
ziehen wollen. Familien mit kleineren Kindern sind im Dorstfelder
Westbad (Kortental 15) oder im Nordbad am Dietrich-Keuning-Haus
(Leopoldstr. 50-58) besser aufgehoben.

077 Tropenhäuser

Es ist nur ein kleiner Schritt durch eine Glastür, doch wähnen sich Besucher in einer anderen Welt, in der es angenehm nach Kaffee, Zimt oder Vanille riecht. Auf knapp 1.100 Quadratmetern geben mitten in Dortmund vier Pflanzenschauhäuser Exotischem und Tropischem ein Zuhause. Als Teil des Botanischen Gartens Rombergpark sind in den Pflanzenschauhäusern mehr als 5.000 Pflanzen zu bestaunen, die außerhalb der großen Glasbauten witterungsbedingt nicht bestehen könnten.

Eines der Häuser beherbergt Kakteen und Sukkulenten, im Farnhaus beeindruckt ein Steinkohlewald: Die Farnbäume aus Australien und Mexiko, die dort wachsen, gab es vor vielen Millionen Jahren auch in Dortmund. Im sogenannten Warmhaus fühlen sich Besucher wie in einem tropischen Urwald, denn dort erhält das dichte Grün die zum Überleben notwendige Wärme von 30 Grad sowie eine hohe Luftfeuchtigkeit. Im vierten Schauhaus, dem Kalthaus, berauschen Kamelien, Zitronen oder der Duft von Jasmin.

1958 eröffnet, steht das gesamte Gebäudeensemble unter Denkmalschutz. Über mehrere Jahre hinweg wurden die Tropenhäuser bis 2008 umfassend renoviert. Wer bei den exotischen Gerüchen auf den Geschmack gekommen ist, kann im angrenzenden, ebenso traditionsreichen Café Orchidee Kaffee und Kuchen genießen. ds

Adresse Mergelteichstraße 40 **Anfahrt** U-Bahn 49 (Rombergpark).
Geöffnet sa und so 10-18 Uhr, Eintritt 2 Euro, Familien 4 Euro.

078 Filmbühne Dortmund-Aplerbeck („Postkutsche")

Ein Besuch in der Filmbühne ist Kult. Es ist der Charme der 1950er-Jahre, der den Reiz des kleinen Kinos in Aplerbeck an der Schüruferstraße ausmacht. Die Filmbühne, wegen des angrenzenden Hotels im Volksmund auch „Postkutsche" genannt, ist das einzige Vorstadtkino Dortmunds, das den Wettbewerb mit den Großen der Branche überlebt hat. Hier scheint die Zeit stehen geblieben zu sein: das kleine Kassenhäuschen mit Durchreiche im Eingang, die alten Filmprojektoren im Foyer oder die Plakate von Filmen wie „Dr. Schiwago", „Vom Winde verweht" und „Feuerzangenbowle" im verstaubten Ausstellungsfenster. So sah es wohl schon vor 50 Jahren aus, als Heinz Rühmann, Caterina Valente und Hans Albers das Kinopublikum begeisterten.

1954, in Zeiten des Kino-Booms, wurde ein früherer Tanzsaal zum Lichtspieltheater umgebaut, liefen in der „Postkutsche" die ersten Filme. Die Cineasten im Dortmunder Süden erfreuten sich an ihrem ortsnahen Kino. Heute besuchen Eltern und Großeltern die Filmbühne mit ihren Kindern und Enkeln, um sich an ihre eigene Kindheit oder Jugend zu erinnern und von alten Zeiten zu berichten. Die Jüngeren genießen den verstaubten Retro-Stil des Kinos oder treffen sich mit ihren Freunden an einem verregneten Nachmittag zur Jugendvorstellung.

Und die Jüngsten? Sie feiern ihren Geburtstag mit einem aktuellen Zeichentrickfilm im Vorstadtkino. Dazu gibt es Popcorn, verpackt in kleinen Tüten. Große Popcorn-Maschinen oder XXL-Cola-Becher haben in der „Postkutsche" in Aplerbeck keinen Platz. pid

Adresse Schüruferstraße 330, www.filmbuehne-dortmund.de, Vorstellungen mo–so 17 und 20 Uhr, sa und so auch 14.30 Uhr, Eintritt do–di 5,50 Euro, mi 4,50 Euro, Jugendvorstellung (sa+so 14.30 Uhr) 4 Euro

079 Fischer am Rathaus

Montags, mittwochs und freitags ist bei Heiner Fischer „Zwie-back-Tag". Dann backt der gelernte Bäckermeister nicht nur Brot und Kuchen, sondern frischen Zwieback. Dafür ist die altehrwürdige Bäckerei am Rathaus über Dortmunds Grenzen hinaus bekannt – und natürlich für den typischen Dortmunder Salzkuchen. Fischers Ururgroßvater Johann Gottfried Fischer hat das kreisrunde Kümmel-Salz-Brötchen mit Loch in der Mitte um 1848 sogar erfunden.

Bereits 1848 gründete Johann Gottfried Fischer das Fachgeschäft als „Weißbrot- und Zwieback-Bäckerei". Auf diese Tradition ist Heiner Fischer ebenso stolz wie auf seinen berühmten Gusszwieback, den er mit Schokolade, Vanille, Makronen, Zuckerhagel oder gar Anis überzieht. Die Karriere des Zwiebacks beginnt als locker leicht gebackenes Biskuit, das erst mit der Entdeckung der Hefe und der damit verbundenen Gärung gelang. Um es zu verfeinern und resistent gegen Schimmel zu machen, wurde es zweimal gebacken: zu Zwieback eben.

Mit flinken Fingern rollt Fischer die so genannten Micken, packt diese kurzen dicken Teigstücke aus Weizenmehl, Wasser, Zucker, Fett, Eigelb und frischer Hefe dicht an dicht auf ein Backblech und schiebt es für eine Dreiviertelstunde in den Ofen. Schon nach wenigen Minuten dringt ein verheißungsvoller Duft in den Verkaufsraum, der Fischers Fangemeinde in freudige Erwartung versetzt. Denn für viele ist bereits dieser watteweiche „Einback" eine kulinarische Köstlichkeit. Der richtige Zwieback aber wird erst am nächsten Tag hergestellt, wenn sich die abgekühlten Micken gut in gleichmäßige Scheiben schneiden lassen. Jetzt werden sie ein zweites Mal geröstet, und zwar von jeder Seite extra. So haben es schon Vater, Großvater, Urgroßvater und Ururgroßvater gemacht. Wi

Adresse Betenstr. 14 **Anfahrt** U-Bahn (Stadtgarten) Öffnungszeiten: mo-fr 7-18.30 Uhr, sa 7-17 Uhr **Tipp** Armer Ritter: 2 Eier, 250 ml Milch, 1 Päckchen Vanillinzucker und eine Prise Salz in eine Schüssel geben, gut verrühren. 16 Zwiebäcke portionsweise in die Eiermilch eintauchen, etwas abtropfen lassen und in einer beschichteten Pfanne in 3 EL Butterschmalz von jeder Seite 1-2 Minuten gold-braun braten. Mit Zucker und Zimt bestreuen.

REWE Homberg & Budnik Getränkeshop
Paradies für Biertrinker

Auf den ersten Blick sieht der REWE Getränkeshop Homberg & Budnik in Dortmund-Höchsten aus wie ein ganz normaler Laden dieser Art, doch schon die Schaufensterdekoration belehrt den Kunden eines Besseren. Geschenkekörbe in allen Preislagen, bestückt mit den seltensten Biersorten aus aller Welt, locken da den Bierfreund. Und betritt man den Laden selbst, wird man nicht nur von den Kastenbatterien der gängigen Großbrauereien empfangen, Durst machen auch die rund 150 verschiedenen Biersorten, fein aufgereiht in einem meterlangen Regal. „Besonders beliebt sind die bayerischen Biere", weiß Laden-Betreiber Uli Budnik, der mit diesem Angebot eine einzigartige Marktlücke weit über den Dortmunder Süden hinaus schließt. Maisel's, Ayinger, Tegernseer und Schneider sind gleich kistenweise vorhanden, aber auch internationale Spezialitäten aus 30 Ländern von Grönland bis Sri Lanka oder Marokko. Die teuerste Flasche kostet 349 Euro, eine Carlsberg Vintage-Abfüllung. „Wohlgemerkt: 0,5 Liter und haltbar bis ins Jahr 2110", schmunzelt Budnik. Das St.Pauli-Bier Astra wird stilecht mit Rotlicht ausgeleuchtet, in einem Extra-Kühlschrank lagern die Raritäten von Braufactum bei Idealtemperatur. Und natürlich gibt es auch lokale Spezialitäten wie das Adam-Bier aus der Bergmann-Brauerei. Überhaupt hat sich Budnik bei der Bierpräsentation vom Weinhandel inspirieren lassen. Jedes Bier ist mit einem Info-Etikett versehen, das die Geschmacksrichtung und die Trinktemperatur ausweist und Tipps gibt, zu welchen Speisen das Bier am besten schmeckt.

www.rewe-homberg.de
Höchstener Straße 15
44267 Dortmund-Höchsten
02 31.48 89 49
Mo-Sa 7-20 Uhr

REWE

Homberg

Das Gourmetparadies in Dortmund auf dem Höchsten

Es gibt doch Bier auf Hawaii!

Und jetzt gibt es hawaiianisches Bier auch in Dortmund: in unserer großen Bierwelt auf dem Höchsten. Entdecken Sie über 150 weitere internationale Bierspezialitäten und ganz neue Geschmacksdimensionen, die jeden Bierliebhaber begeistern werden. Schauen Sie vorbei. Wir beraten Sie gerne und empfehlen Ihnen das passende Bier für Ihren Geschmack.

Homberg's große Bierwelt
Höchstener Straße 15

Das Original aus Hawaii

Exklusiv bei REWE Homberg:
Die Produktbeschreibung zum Bier mit der Empfehlung des Biersommeliers zur Speisebegleitung

Kona Fire Rock • Aromen von Zitrusfrüchten, karamell/medium Süße, mittlere Bitterkeit

USA/HAWAII
Alc. 6.0% Vol

Über 150 weitere internationale Bierspezialitäten

KRIEK

MOOSEHEAD Lager

HOBGOBLIN

NEWCASTLE BROWN ALE

ADAM

KONA BREWING CO. LONGBOARD Island Lager

KONA BREWING CO. FIRE ROCK Pale Ale

omberg & Budnik • Pfarrer-Rüter-Weg 2 • 44267 Dortmund • Mo.–Sa. 7.00–20.00 Uhr • Tel. 0231. 48. 89. 48.
etränkeshop • Höchstener Straße 15 • 44267 Dortmund • Mo.–Sa. 7.00–20.00 Uhr

080 Hansamarkt

Fast täglich können die Dortmunder über einen der 13 Wochenmärkte bummeln: Von Mengede bis Hombruch, von Lütgendortmund bis Brackel gibt es frisches Obst, Gemüse, Blumen und Spezialitäten zu kaufen. Der Hauptmarkt – und damit größter Anziehungspunkt mitten in der Stadt – ist der Wochenmarkt auf dem Hansaplatz.

Gleich dreimal in der Woche können die Dortmunder dort bummeln. Der Wochenmarkt hat eine Jahrhunderte alte Tradition. Selbst für die, die keine Einkäufe zu erledigen haben, lohnt sich ein Spaziergang. Zwar ist die Zahl der Händler in den vergangenen 50 Jahren drastisch geschrumpft, nur noch 62 Händler verteilen sich über den Platz. Für viele Dortmunder gehört der samstägliche Gang über den Hansamarkt aber noch immer zur Tradition – sehen und gesehen werden!

Die schönsten Blumengestecke, duftende Rosen und frische Kräuter sind an den Blumenständen zu haben. Ein paar Meter weiter reiht sich die gesamte Bandbreite an Obst und Gemüse aneinander. Frisch geerntete Kartoffeln, saftige Äpfel, Bio-Salat. Im Sommer Erdbeeren, Himbeeren oder Rhabarber, im Winter Grünkohl oder Pilze – die Besucher finden fast alle erdenklichen saisonalen Produkte aus der Region, aber auch Nüsse und Trockenfrüchte, Kaffee-Spezialitäten, Feinkost, Honig oder Mediterranes.

Käsestände locken mit ihren Spezialitäten aus vielen europäischen Ländern. Nebenan riecht es nach Fisch – den gibt's ganz frisch, geräuchert oder gebacken. Schlesische Wurst oder Pferdefleisch, Taube oder Lamm – das Angebot ist riesig und vielfältig. Das Besondere auf dem Hansamarkt: Geflügel, Kaninchen und Gänse gibt es dort auch lebend zu kaufen. joo

Adresse Hansaplatz, www.dortmunder-wochenmarkt.de **Anfahrt** U-Bahn 41, 42, 45, 46, 47, 49 (Stadtgarten), Termine: mi 7-14 Uhr, fr 8-15 Uhr, sa 7-15 Uhr

081 Haus Overkamp

Wer die Speisekarte im Gasthaus Overkamp auf dem Höchsten liest, weiß gleich, wie der Hase läuft. Dreierlei von der Fröndenberger Ente, Mousse im Pumpernickelmantel oder etwa Bergkamener Fruchtchutney: Overkamp macht klare lokalpatriotische Ansagen. Die Produkte kommen überwiegend aus der Region, und zwar in allerbester Qualität. Eine Haltung, die die über 300 Jahre alte Verbindung seiner Familie zur Heimat widerspiegelt, nicht anbiedernd, sondern vielmehr modern und zeitgemäß.

Wo einst die Postkutsche vorfuhr, kehren heute Gäste von weit her ein. Kein Zweifel: Das Gasthaus Overkamp ist eine Institution in Dortmund. Das spürt jeder, der dieses traditionsreiche Lokal zum ersten Mal betritt. Wer am Sonntagnachmittag nach einem ausgiebigen Spaziergang im nahegelegenen Niederhofer Holz noch einen Platz ergattert, ist ein Glückspilz. Wieselflinke Kellnerinnen und Kellner balancieren üppig beladene Tabletts durch die verwinkelten Räumlichkeiten, weichen der langen Schlange an der überbordenden Kuchentheke geschickt aus und finden bei aller Hektik immer ein freundliches Wort.

Erstmals erwähnt wurde der Name Johan Overkamp am Zollbrett und in den Kirchenbüchern 1672. Dass Johan Overkamp damals „auf'm Höchsten" seinen Kotten nebst Schmiede als Zollstation führen durfte, gelang ihm, weil er als vertrauenswürdiger Bürger galt. Auf Vertrauen gründet sich auch heute noch der Erfolg des traditionsreichen Familienbetriebes. Doch die Zukunft beginnt jeden Tag neu, so das Credo des Hauses, und deshalb finden auch Vegetarier und Veganer ihr Lieblingsgericht. Wi

Adresse Am Ellberg 1/Ecke Wittbräucker Straße, www.overkamp-gastro.de, Tel. 0231-462736, geöffnet mi bis mo 9-23 Uhr **Tipp** „Lecka Dortmund" heißt das Kochbuch von Chefkoch Günther Overkamp-Klein – ein Bildband über Dortmund, garniert mit kulinarischen Spezialitäten, Einkaufstipps und Lieferanten-Adressen.

082 Spielbank Hohensyburg

Es rattert und rasselt, blinkt und leuchtet unaufhörlich – ein Hauch von Las Vegas weht durch den Palast aus Glas und Marmor. Etwas gediegener geht es zwei Ebenen höher beim klassischen Spiel zu, trotz inzwischen gelockerter Kleidungsvorschriften. Wo die Roulette-Kugel rollt oder Poker-Karten gemischt werden, herrscht heute kein Krawattenzwang mehr.

Die Spielbank Hohensyburg ist ein Paradies für Glücksritter. Dabei war der Bau an der Stelle eines alten Ausflugslokals auf der Hohensyburg nicht unumstritten. Doch dem Architekten Helmut Deilmann gelang es, den Casino-Bau behutsam in die felsige und grüne Landschaft des Burgbergs zu integrieren. Die Eröffnung im Juni 1985 war ein Großereignis für die Stadt, zumal mit Sammy Davis Junior ein Weltstar auftrat.

Für Dortmund wurde die Spielbank zum „besten Flöz der Stadt". Denn die sprudelnden Gewinne bescherten dem städtischen Haushalt über die Spielbank-Abgabe der staatlichen Westspiel GmbH Jahr für Jahr Millionen-Einnahmen. Immerhin galt das Hohensyburger Casino als das umsatzstärkste in ganz Deutschland – bis 2007 das Westspiel-Casino in Duisburg eröffnete.

Ein Anziehungspunkt ist das Casino Hohensyburg aber nicht nur für Spielernaturen, sondern auch für Gourmets. Das „La Table" gehörte unter Chefkoch Thomas Bühner zu den Spitzenrestaurants, und auch der „Palmgarden" unter Michael Dyllong hat sich inzwischen einen Stern erkocht. Dazu locken Shows und andere Veranstaltungen im Casino-Saal die Besucher an. Oli

Adresse Hohensyburgstraße 200, www.spielbank-dortmund.de
Anfahrt Bus 444 (Spielbank-Express, zuschlagpflichtig)

083 Tante Amanda

Während die Kinder auf dem Drehkarussell toben, üben sich die Großeltern auf der Minigolfanlage in Geschicklichkeit. Erhitzte Radler halten Ausschau nach einem freien Tisch auf der Terrasse, an der Außentheke des Biergartens drängeln sich hungrige Spaziergänger, die Naturliebhaber genießen einfach nur den Blick auf die umliegenden Wiesen und Koppeln. Mit seiner idyllischen Lage zieht Tante Amanda bei strahlendem Sonnenschein die Ausflügler wie ein Magnet an. Und spielt das Wetter mal nicht so mit, schlüpfen die kleinen und großen Gäste unter das Dach des 233 Jahre alten Fachwerkhauses.

Draußen gibt es Deftiges wie Bratwurst, Schnitzel oder Pommes, drinnen geht es mit Doradenfilet, Wildkräutersalat oder Wasserbüffel-Filet auch mal feiner zu. Auf der Speisenkarte stehen traditionelle Gerichte wie Flammkuchen und Spareribs einträchtig neben saisonalen Spezialitäten. Zum Abschluss der Biergartensaison findet im November regelmäßig ein großes Reibekuchenessen statt.

Seine Karriere startete der heutige Gasthof als Bauernhof, der sich die idyllische Lage im Grenzgebiet zwischen Frohlinde und Westerfilde zunutze machte und Dortmunds erstes Gartenrestaurant betrieb. Heute ist Franz-Josef Leuthold, von Stammgästen liebevoll „Bubi" genannt, der Chef des Hauses. Unter seiner Ägide wurde das „Tafelhaus" neu erbaut, das sich inzwischen zum Herzstück entwickelt hat. Dort gibt es genügend Platz für große Familienfeiern, Weihnachtsfeiern oder Club-Abende. Ein zweites Standbein des Hauses ist das Catering für Großevents wie „Geierabend" oder „Ruhr-HOCHdeutsch" im Dortmunder Spiegelzelt. Wi

Adresse Mosselde 149, www.tante-amanda.de **Anfahrt** Bus 470 (Brietenstraße) und S-Bahn 2 (Westerfilde), geöffnet täglich 12 - 24 Uhr, Biergarten täglich 14-24 Uhr, so 11-24 Uhr **Tipp** Jeden Sommer kommt der Ruhrpott-Karneval „Geierabend" zu Tante Amanda. Die Geier verwandeln den Biergarten für zwei Stunden in ein Kabarett, das neben vielen Klassikern immer auch brandneue Sketche auf die Freiluft-Bühne bringt.

Licht und hell dank eines gläsernen Dachs präsentiert sich die schöne neue Einkaufswelt, blitzblank und gold-gelb glitzernd wie das Bier, das von 1854 bis 1996 auf dem einstigen Areal der Thier-Brauerei gebraut wurde. Fünfzehn Jahre später, 2011, eröffnete an gleicher Stelle die Thier-Galerie, Shopping-Tempel nach ursprünglich amerikanischen Vorbild. Auf 11,5 Millionen beziffert der dahinter stehende Hamburger Einkaufscenter-Entwickler ECE die Zahl der Besucher im Jahr 2012 – jeden Tag strömt damit die Einwohnerschaft einer Kleinstadt in die Thier-Galerie. Neben der Statistik gibt es einen gefühlten Wert, der den Erfolg der neuen „Mall" belegt: Der obere Westenhellweg ist belebter, die Menge vor allem junger Kauflustiger unübersehbar. Das befürchtete Laden-Sterben entlang von Dortmunds kaufmännischer Schlagader blieb aus: Stadt und Fußgängerzone sind um einen Publikumsmagneten reicher.

Fluktuation gehört zum Geschäft. Während ein prominenter Mieter wie der Textil-Discounter Primark sich vergrößert, streichen andere die Flagge. Das Konzept von 160 Shops unter einem Dach funktioniert. Die Geschäfte verteilen sich auf vier Ebenen und rund 33.000 Quadratmeter: Sportartikler und Mode, Schmuck, Kosmetik, Wohn-Accessoires, Lederwaren, Spielzeug, Geschenke dominieren. Es gibt Bücher, Bio-Bäcker und BVB-Shop, Supermarkt und Sushi-Bar, Videospiele, Handys, Merchandising.

Um die 300 Millionen Euro sind verbaut worden. Am Hohen Wall blieb der Thier-Verwaltungsbau erhalten. Wer am Westenhellweg nach oben schaut, sieht die Rekonstruktion neoklassizistischer Säulen des Clemenschen Kaufhauses von 1902. Modernes Einkaufen hinter historistischer Fassade. KUB

Adresse Westenhellweg 102-106, www.thier-galerie.de **Anfahrt** bis Dortmund Hauptbahnhof oder U-Bahn (Kampstraße), Pkw: „Hövelstraße" ins Navi eingeben; geöffnet mo-do 10 bis 20 Uhr, fr/sa 10-22 Uhr, Gastronomie auch sonntags 12-18 Uhr

Man hat das Gefühl, als könnte sich jeden Augenblick Vereinsgründer Franz Jakobi mit an den Tisch setzen. Der nachempfundene Stammtisch im historischen Ambiente des BVB-Gründungslokals „Wildschütz" ist der Ausgangspunkt für einen Rundgang durch das Borusseum und die Geschichte des Ballspielvereins Borussia.

Im Jahr 2008 wurde das Borusseum zum 99. Geburtstag des BVB in der Nordost-Ecke des Signal Iduna Parks eröffnet. Es ist alles andere als eine staubige Trophäensammlung, sondern eine spannende Geschichtsausstellung.

Der Wildschütz-Nachbau versetzt Besucher in die Gründungszeit des Vereins, dann geht es über die Weiße Wiese und die Rote Erde ins Westfalenstadion. Das „W" und ein „A" des alten Schriftzugs „Westfalenstadion" gehören zu den Exponaten.

An jeder Station laden spielerische Elemente, Video- und Audio-Installationen und viele Relikte aus der BVB-Geschichte zur Entdeckungstour ein. Überall gibt es Klappen zu öffnen, Knöpfe zu drücken oder Bildtafeln zu bewegen. Den Derbys mit dem großen Revier-Rivalen Schalke 04 setzt das Borusseum ebenso ein Denkmal wie den besten Fans der Welt auf der legendären Südtribüne. Und natürlich gibt es auch eine Schatzkammer, in der die Trophäen des Vereins zu bewundern sind. Oli

Adresse Strobelallee 50, www.borusseum.de **Anfahrt** U-Bahn 45,46 (Westfalenhallen), geöffnet mo-so 10 bis 18 Uhr (an Heimspieltagen bis zum Anstoß), Eintritt 6 Euro, erm. 4 Euro, Kinder bis 6 Jahre Freitag **Tipp** Kinder von 6 bis 12 Jahren können im Borusseum einen schwarz-gelben Geburtstag feiern (90 Minuten Programm für zehn Kinder kosten 99 Euro).

086 DASA

In der DASA kann man mit allen Sinnen erleben, wie Menschen arbeiten – gestern, heute und in Zukunft. Die Arbeitswelt Ausstellung ist so riesig, kurzweilig und spannend, dass man sich nach jedem Besuch fragt, warum man eigentlich nicht viel häufiger kommt…

In der DASA kann man baggern, im „Space Curl" in der Luft rumwirbeln oder zum König der Landstraße werden: Ein LKW-Simulator mit originaler Geräuschkulisse und echtem Fahrgefühl schafft ein wenig Trucker-Romantik. Selbst trockene Themen wie „Transportsicherheit" werden spannend aufbereitet: Die Besucher fahren mit dem „DASA-DROM" wie in einer Geisterbahn durch ein gruseliges Warenlager, in dem Regale umkippen oder Stolperfallen liegen.

Das schwerste Ausstellungsstück ist der sogenannte E-Ofen: ein zehn Meter hohes, rostbraunes Ungetüm, Dutzende Tonnen schwer, überzogen mit einem Gewirr von Leitungen, Gerüsten und Türen. Wenn er loslegte, war der Geräuschpegel so hoch wie beim Start eines Düsenjets. Unter diesen Bedingungen haben Dortmunder Stahlwerker 30 Jahre lang Stahl geschmolzen – auch so kann man Industriegeschichte erfahrbar machen.

Die Ausstellung gliedert sich in zwölf Abteilungen, die man an einem Tag nicht schaffen kann, darunter „Am Bildschirm", „Im Takt der Maschine", „Schuften in Schichten" oder „Heilen und Pflegen". Das Leitmotiv der Ausstellung lautet „Mensch – Arbeit – Technik": Der Mensch steht in dieser Ausstellung im Mittelpunkt.

Die DASA wurde 1993 eröffnet und verwirklicht seitdem die neuesten Konzepte der Museumsinszenierung. Für ihr Ausstellungskonzept wurde sie bereits preisgekrönt. Die DASA ist eine Einrichtung der Bundesanstalt für Arbeitsschutz und Arbeitsmedizin (BAuA), die nebenan beheimatet ist. gl

Mensch **Arbeit** **Technik**

:**dasa**

Arbeitswelt Ausstellung

der Bundesanstalt für
Arbeitsschutz und Arbeitsmedizin

Adresse Friedrich-Henkel-Weg 1-25, www.dasa-dortmund.de
Anfahrt S-Bahn 1/21 (Dortmund-Dorstfeld-Süd/DASA); geöffnet di
bis fr 9-17 Uhr, sa/so 10-18 Uhr, Tickets 5 Euro, ermäßigt 3 Euro,
Familien-Jahreskarte 22 Euro.

087 Eckkneipe

Es gibt sie noch, die urig gemütliche, gutbürgerliche Dortmunder Eckkneipe. Das Traditionshaus, gut für Pils, Schnitzel, Schwätzchen und Frühschoppen. Doch das Modell ist auf dem Rückzug. Sei es, weil die Wirtsleute aussterben, sei es wegen des Rauchverbots, sei es, weil junge Szenegänger andere Ansprüche stellen. Häkelgardine und Holz-Getäfel sind nicht genug.

So hat es über die Jahre einen Wachwechsel unter Dortmunds Eckkneipen gegeben: Moderner, zeitgemäßer. Im Look mehr schlicht als gewagt, doch mit Akzenten in Speiseangebot, Ausschank, Beschallung. Grundsätzlich gilt die Faustregel: Rock-Kneipen sind in der Nordstadt zu finden. Besseresser, Wein- und Cocktail-Freunde halten sich ans Kreuzviertel.

Den Gastroführer können wir hier nicht ersetzen. Unser Favorit im Norden heißt „Subrosa" (Gneisenaustraße 56): Feine Konzerte, Fußballfieber, Gitarrensound, Außenterrasse. St. Pauli in Dortmund. Das „Sissikingkong" (Landwehrstraße 17) überrascht mit guter Küche und bietet samstags studentischen Kellertanz.

Im Kreuzviertel lohnt ein Besuch im „Bieder & Meier" (Hohe Straße 61a): Cocktails aus Könnerhand, Whisky für Kenner, lecker Solides für den Magen, 50er-Rock'n'Roll für die Ohren. Proppenvoll zur Fußballzeit.

Ebenfalls im Kreuzviertel: „Allegro", „8 1/2", „Cafebar Wohnzimmer", „B-Trieb" und „Barrock" – bitte selber nachschlagen! KUB

Tipp Wer in den Kneipen rund um den Alten Markt alles richtig machen will, bestellt ein „Stößchen" – das Pils im Mini-Format (0,1 Liter) bekommt man nur in Dortmund.

088 Florianturm

Eine gute halbe Minute dauerte die Fahrt mit dem Aufzug durch die enge Röhre bis in etwa 140 Meter Höhe. 120.000 Besucher gönnen sich Jahr für Jahr die phantastische Fernsicht von der Aussichtsterrasse oder aus dem drehbaren Restaurant des Florianturms.

Der ist auch nach mehr als 50 Jahren noch der größte weit und breit. Bei seiner Eröffnung 1959 war Dortmunds Fernsehturm sogar das größte Bauwerk Deutschlands. Und damit der Star der Bundesgartenschau, aus der der Westfalenpark hervorging. In nur einem Jahr Bauzeit war der Turm 219,6 Meter in die Höhe gewachsen. Er vereinte den Wunsch der Bundesgartenschau-Planer nach einem Aussichtsturm und der Bundespost nach einem Sendemast. Beide Aufgaben erfüllt er auch heute noch, auch wenn er durch eine neue Antenne etwas geschrumpft ist. Exakt 208,56 Meter misst der Florian heute.

Damit ist der von dem Dortmunder Architekten Will Schwarz geplante Turm noch immer ein Wahrzeichen der Stadt und Mittelpunkt des Westfalenparks. Als solcher hat der Florianturm schon viel erlebt. Ende der 1990er Jahre stand eine seiner Attraktionen, das Drehrestaurant, vor dem Aus. Doch mit einer Spendenaktion gelang es, genug Geld für die Sanierung des Drehkranzes und weitere Reparaturarbeiten zu sammeln. Zur Neueröffnung bekam der Turm zu seinem 40. Geburtstag eine 58 Meter lange und 11 Meter breite Krawatte umgehängt. Tragisch endete die Geschichte als Absprungstation für Bungee-Springer. Nach einem Todesfall wurde die Anlage im Juli 2003 stillgelegt und später demontiert. Mit einem riesigen Werbebanner wurde Florian von 2001 bis 2009 zur größten Reklame-Säule der Stadt. Florian kann halt nichts erschüttern. Oli

Adresse Florianstraße (im Westfalenpark), www.mein-florian.de
Anfahrt U-Bahn 45, 49 (Westfalenpark) oder 41, 47 (Märkische Straße); geöffnet mo+mi, do-sa 12 bis 22 Uhr, so 10 bis 22 Uhr; Turmauffahrt 2,50 Euro (am Turm) oder 2 Euro (an der Westfalen-parkkasse), Jahreskartenbesitzer frei

089 H-Bahn

Wer in Dortmund studiert, wird automatisch befördert! So lautete Ende der 1980er Jahre ein Werbespruch des damaligen Kommunalverbandes Ruhr. Das dazugehörige Foto zeigte die H-Bahn auf ihrem Weg vom Campus Nord zum Campus Süd. Inzwischen wurde die Strecke zwei Mal erweitert; längst fahren nicht nur Angehörige der TU mit der Hängebahn, sondern auch die Beschäftigten im Technologiepark – und immer wieder auch Besucher, die nur wegen der H-Bahn das Uni-Gelände ansteuern. Täglich fahren 8500 Menschen mit, videoüberwacht durch die Leitstelle.

Am 2. Mai 1984 ging die Hängebahn als weltweit erste vollautomatisierte Bahn in Betrieb. Für die 1,1 km lange Strecke zwischen Campus Nord und Süd benötigt die H-Bahn weniger als 2 Minuten, sie fährt 50 km pro Stunde und macht kaum Lärm. Schneller kommt man mit keinem anderen Verkehrsmittel von einem Campus zum anderen, und schöner auch nicht: Panoramafenster gewähren den Fahrgästen aus 16 Metern Höhe einen freien Blick.

Seit der Eröffnung wurde die Strecke alle zehn Jahre erweitert: erst nach Eichlinghofen und zum S-Bahn-Halt „Universität", dann zum Technologiepark mit seinen rund 280 Unternehmen. Heute hat die H-Bahn fünf Haltestellen, vier Fahrzeuge, drei Kilometer Fahrstrecke, zwei Linien – und ein Problem: Obwohl sie absolut sicher, verlässlich und umweltfreundlich fährt, fand sich außer dem Flughafen Düsseldorf, der sie „Sky-Train" taufte, kein weiterer Abnehmer für die Siemens-Technik. Zwar informieren sich nach wie vor Verkehrsbetriebe aus aller Welt bei der H-Bahn-Gesellschaft, und die Techniker der H-Bahn konnten sogar beim Bau der Transrapid-Strecke in Shanghai helfen. Doch selbst in Dortmund scheiterte es an mangelnder Wirtschaftlichkeit, die Trasse bis in die Stadt zu führen. pin

Anfahrt z.B. Vogelpothsweg/Mensabrücke. Die H-Bahn verkehrt mo bis fr von 6:21 Uhr bis 24 Uhr. Einzelticket 75 Cent oder eine normale VRR-Fahrt. **Anfahrt** S-Bahn 1/21 (Dortmund Universität), Pkw A 40 Ausfahrt Dortmund-Dorstfeld oder Dortmund-Barop; www.h-bahn.de **Tipp** Technische Details zur H-Bahn liefert der Film „Die H-Bahn in Dortmund (1986)" auf Youtube.

090 Hamam

Dortmunds einziger Hamam befindet sich in einem unauf-
fälligen Hinterhof an der Meissener Straße. Beim Klingeln
erfolgt die Gesichtskontrolle via Kamera – Männer und Frauen
geben sich streng voneinander getrennt den Freuden der
Badekultur hin. Wer den richtigen Tag erwischt hat, sollte
nicht zögern: Rein ins türkische Dampfbad! Mit dem Eintritt
lässt man den Alltag für mindestens zweieinhalb Stunden
hinter sich.

Orientalische Musik wabert durch die Räume, die Decken sind
mit Tüchern abgehängt, eine türkische Linsensuppe dampft
im Bistro. Wer mag, kann sich in der Sauna einstimmen.
Das Dampfbad selbst wird fast vollständig von einem
wärmenden Steinpodest ausgefüllt. Aus kleinen Wasch-
becken an den Wänden fließt angenehm temperiertes Wasser,
mit dem man sich übergießt. Dann folgt die Hamam-Behandlung auf dem Stein. Bei einem Ganzkörper-Peeling, genannt
Kese, reinigt der Masseur bzw. die Masseurin die Haut mit
einem Handschuh. Bei der anschließenden Seifenschaum-
Massage wird ein Baumwollsack eingeseift und kunstvoll so
durch die Luft geschwenkt, so dass der Badegast auf dem
warmen Stein unter sanften Schaumbergen verschwindet.

Wer Hamam-Anwendungen aus Wellness-Hotels kennt,
muss sich ein wenig umgewöhnen: Im Sahara Hamam geht
es traditionell zu. Selbst in der Sauna ist Nacktheit tabu; die
Besucherinnen und Besucher bekommen ein Baumwolltuch
als Lendenschurz, das sie nur während der Massage ablegen.
Wer zur Abkühlung in den kalten Pool steigen will, muss
Badeshorts bis zum Knie tragen.

Mit traditionellen türkischen Badehäusern samt ihrer Kuppeln
und Mosaikfliesen ist der Dortmunder Hamam zwar nicht
vergleichbar – architektonisch. Das Wohlgefühl nach einem
Besuch jedoch ist das gleiche. pin

Adresse Meissener Straße 15, www.hamam-dortmund.de **Anfahrt** U-Bahn 41, 45 (Stadthaus); geöffnet für Frauen: mo, mi, do 11-22 Uhr, so 9-15 Uhr; für Männer di 15-1 Uhr, fr/sa 15-2 Uhr, so 16-1 Uhr; Eintritt 15,90 Euro, mit klassischer Hamam-Behandlung (Peeling und Seifenschaum-Massage) 39,90 Euro. **Tipp** Nach dem Hamam unbedingt das Milchgetränk Sahlep aus Orchideen-Wurzelknollen probieren! Mutige testen auch den scharfen Rübensaft Salgam Suyu.

Aus dem Ruhrgebiet sind sie nicht wegzudenken, die Klümp-chenbuden um die Ecke. Als Kind tauscht man dort sein Taschengeld gegen Süßigkeiten, als Erwachsener seine Euro gegen Bier oder Zigaretten. Das Sortiment einiger „Buden" umfasst sogar Katzenfutter, Dosenpfirsiche oder Hygieneartikel. Rund 300, maximal 350 Kioske gibt es in Dortmund, schätzt Dr. Kurt Wettengl, Vorsitzender des „1. Kioskclub Museum am Ostwall 06 e.V". Der Verein erforscht das Büdchen-Phänomen und bietet regelmäßig Rundgänge an.

Dortmund hat einige ganz besondere Kiosk-Exemplare zu bieten. Ein echter Hingucker steht zum Beispiel am Wrangelplatz in der Zechen-Kolonie Kirdorf in Dortmund Eving. Die kleine, achteckige Bude, die einem zu kurz geratenen Turm gleicht, ist sogar denkmalgeschützt. Ein baulich ebenfalls beeindruckender Kiosk liegt in der Straße „In der Meile" in Dortmund-Marten. Er könnte auch in Berlin stehen, denn der freistehende Bau liegt inmitten großer, altehrwürdiger Wohnhäuser und teilt eine überbreite Allee. Neben der besonderen Lage des Häuschens sind auch die ausgedehnten Möglichkeiten, dort sein Geld gegen Ware zu tauschen, äußerst beeindruckend, und das betrifft sowohl das Angebot selbst als auch die Öffnungszeiten.

Ein weiteres sehenswertes Exemplar steht direkt am Wall, genauer: an der Ecke Hoher Wall/Lange Straße. Klümpchen gibt es dort nicht, denn die wiedergegründete „Dortmunder Bergmann Brauerei" (DBB) hat das architektonische Kleinod aus den 1950er Jahren zu einer Verkaufsstelle für seine Biere gemacht. Im Angebot sind die Bergmann-Erfrischungen Pils, Export, Spezial, Schwarzbier und Dortmunder Adam. Der Kiosk hat sich als beliebter Anlaufpunkt für Bier-Genießer etabliert. Für den direkten Verzehr stehen einige Sitzgelegenheiten bereit. ds

Tipp Mehr Hintergründiges rund um Kioske gibt es auf den Webseiten des Kioskclubs unter www.kcmo.de

092 Kleingartenanlage

In den dicht bebauten Siedlungen der Stadt ist schlichtweg kein Platz für üppige Gärten. Vor allem in der Innenstadt ist das Grün in den Hinterhöfen rar – und doch ist Dortmund eine Gartenstadt. Erholung in der Natur finden die Großstädter in ihren Schrebergärten.

118 Gartenvereine mit insgesamt 8155 Gärten verteilen sich über das gesamte Stadtgebiet. Sie erstrecken sich über vier Quadratkilometer – eine Fläche größer als der Central Park in New York. Laube an Laube reiht sich in jeder Kleingartenanlage aneinander. Jede wird liebevoll gehegt und gepflegt. Manche flüchten den ganzen Sommer in ihre kleine Oase mitten in der Stadt, bauen Salat und Kartoffeln an, pflücken Äpfel und Kirschen von den Bäumen. Sie pflanzen die schönsten Blumen, für die auf dem Balkon zu Hause kein Platz ist. Kleingärtner bilden eine kleine Familie. Sie tauschen Gartentipps aus, sorgen dafür, dass ihre grüne Oase von Unkraut und Laub befreit ist. Und nach getaner Arbeit sitzen sie zusammen, feiern Feste – auch in der kalten Jahreszeit, wenn auf den Anlagen nicht mehr ganz so viel los ist.

War das Kleingärtnern noch vor wenigen Jahren ein Synonym für Spießigkeit, gilt es heute unter jungen Großstädtern geradezu als kultig. In vielen Anlagen wehen an den Fahnenmasten längst auch türkische, polnische, griechische oder marokkanische Flaggen – um die Zukunft der Vereine muss man daher nicht bange sein.

Einige Superlative rund um Dortmunds Kleingärten: Der Schrebergarten 06 an der Tewaagstraße ist der älteste der Stadt (1906). Der Gartenverein Lütgendortmund-Nord gewann 2013 die Goldmedaille im Landeswettbewerb „Kleingartenanlagen in NRW". Die „Hafenwiese" an der Schützenstraße ist die größte Anlage der Stadt. Der Kleingartenverein Gildenpark ist die größte Grünanlage im Kreuzviertel. joo

Tipp Einige Vereinsheime haben sich zu angesagten Lokalen entwickelt, etwa das „Gasthaus Zur Quelle" (Stockumer Straße 133 a), die „Gaststätte Tremonia" („Porree-Bar", Tremoniastraße 70) oder die italienische „La Trattoria Einigkeit" in Aplerbeck (Matilda-Wrede-Straße 19). Eine Übersicht über alle Kleingartenanlagen und Vereine unter www.gartenvereine-dortmund.de

093 Pankultur-Zentrum

Es ist eine kleine Oase der Weltmusik mitten in der östlichen Innenstadt: Auf 500 Quadratmetern dreht sich im Pankultur Zentrum an der Güntherstraße alles um klingende Ölfässer. Denn nichts anderes sind die „Steel Pans", die Eckhard C. Schulz dort mit seinen Mitarbeitern in seiner Manufaktur anfertigt – wenn auch inzwischen mit fertig zugeschnittenen Rohlingen statt mit Ölfässern.

Wenn Menschen irgendwo auf der Welt zu karibischer Musik die Hüften schwingen, dann ist es nicht unwahrscheinlich, dass auch ein Produkt aus Dortmund den Takt mit angibt. Eckhard C. Schulz ist einer der weltweit führenden Steelpan-Bauer, rund um den Globus erklingen inzwischen mehr als 16.000 dieser ungewöhnlichen Instrumente made in Dortmund. Der Klang erinnert an einen Mix aus Glockenspiel und Vibraphon, laut und weittragend, betörend und samtig. Die Pan, übersetzt „Pfanne", wurde um 1930 in Trinidad und Tobago erfunden. Schulz brachte sich in den 1970er Jahren selbst bei, das Instrument zu bauen und verkauft sie für mehrere hundert bis mehrere tausend Euro in die ganze Welt – von der acht Töne umfassenden Kinder-Pan bis zur „Queen", die 42 Töne schafft.

Mit den Dortmunder Musikern Martin Buschmann und Jürgen Lesker gründete Schulz 1995 den Verein „Pan-Kultur e.V.", der inzwischen 150 Mitglieder hat – darunter viele Kinder, denn das Steelpan-Spielen kann man an der Güntherstraße schon mit drei Jahren lernen. Im Pankultur Zentrum mit seinem gemütlichen Innenhof proben die Pan-Ensembles, zum Beispiel das „Bäng Bäng Orchester" oder die „Bäng Bäng Marching Band", die auf Festivals in der Region, aber auch international auftreten. pin

Adresse Güntherstraße 69, www.pan-kultur.de; Anfahrt: U-Bahn 42 (Funkenburg) **Tipp** Schulklassen, Firmen- oder private Gruppen können im Pankultur Zentrum einen Steelpan-Workshop buchen. Wer sich für die Instrumente und die Musik interessiert, kann in die Kurse hineinschnuppern. Mehr unter www.pan-kultur.de

094 Phoenix-See

Am Anfang war es nur die verrückte Idee eines Stadtplaners. Inzwischen ist der Phoenix-See Dortmunds Top-Wohnadresse und beliebtes Ausflugsziel.

Noch 2001 rauchten im Stahlwerk Phoenix die Schornsteine, wurde Stahl gekocht, färbte die Hörder Fackel, mit der Gichtgas verbrannt wurde, den Himmel feuerrot. Innerhalb weniger Jahre verschwand Dortmunds traditionsreichstes Stahlwerk, 1841 von Hermann Dietrich Piepenstock gegründet, von der Bildfläche. Auf der knapp 100 Hektar großen Industriebrache entstand ein 24 Hektar großer See, der 2010 geflutet wurde.

Am Hörder Segel-Hafen laden nun Restaurants und Cafés ein. Hier kann man bei Cappuccino, Bier oder Sushi die Segeljollen beobachten. Oder die Jogger und Skater, die den gut drei Kilometer langen Rundkurs als sportliche Herausforderung nehmen. Wer den Rundgang mit Kindern fürchtet: Drei Spielplätze (alle am Nordufer) bieten sich für Zwischenstopps an. Am Sportboot-Anleger haben Segelclubs ihr Quartier aufgeschlagen. Und auch Schüler machen hier erste Bekanntschaft mit dem Wassersport. Neben Segelregatten gibt es Ruderwettbewerbe und einmal im Jahr ein Drachenboot-Rennen. Auf der Kulturinsel steht mit einer historischen Thomasbirne, in der einst Stahl geschmolzen wurde, auch eine Erinnerung an das einstige Stahlwerk. Im Norden sind rund um die Aue der renaturierten Emscher Rückzugsräume für Pflanzen und Tiere entstanden.

Den besten Blick auf den See mit Hörde, Florianturm und City im Hintergrund genießt man von dem rund 70 Meter hohen Aussichtshügel, der im Osten entstanden ist – aus Erdmaterial, der beim Aushub des Sees anfiel. Ein Serpentinenweg oder Stufen führen hoch hinauf zum Aussichtspunkt. Der See ist auch hier eine sportliche Herausforderung. Oli

Anfahrt U-Bahn 41 (Hörde Bahnhof), Bus 436 (Hörder Burg), 445 (Am Kai). Mit dem Auto „Hörder Burgstraße" oder „Faßstraße" ins Navi eingeben. www.phoenixseedortmund.de **Tipp** Am östlichen Ende des Sees hinter der neuen Fußgängerbrücke steht die „Flüster-brücke" des Dortmunder Künstlers Jan Bormann: Zwei orange-farbene Schüsseln aus Stahl übertragen auf einer Distanz von 69 Metern die Worte der Phoenix-See-Besucher.

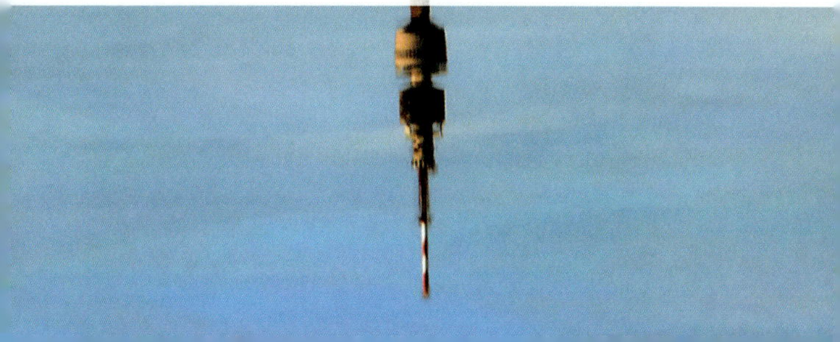

095 Polizeiausstellung eins eins null

Diese Ausstellung ist kriminell gut: Die europaweit einzigartige Schau „eins eins null" zeigt im Dortmunder Polizei-
präsidium, wie die Hüter des Gesetzes Verbrechen und Ver-
brechern auf die Spur kommen und kamen. Professionell
aufbereitet tauchen Besucher ein in echte Fälle aus dem Ar-
beitsalltag der Dortmunder Polizei, erhalten Einblick in kri-
minaltechnische Untersuchungen und Ermittlungsmethoden
von heute und von damals.

Zahlreiche Exponate aus aufgeklärten Verbrechen erzählen
spannende und lehrreiche Geschichten über Verkehrsunfäl-
le, Raub, Brandstiftung oder auch Mord. Dabei ist die Schau
keineswegs durchweg bierernst. Manche Stücke, etwa eine
überdimensionale Pistole Marke Eigenbau, bringen unver-
mittelt zum Schmunzeln, und bei Berichten über haarsträu-
bende Verbrechen und kuriose Unfälle brechen ebenfalls
schnell die Dämme. Wie Polizisten heute arbeiten, wird am
Beispiel des Großeinsatzes rund um das Stadion Signal Iduna Park dargestellt.

In einem historischen Teil erfahren Besucher zudem Interes-
santes über Verbrechensphänomene und Polizeiarbeit vom
Mittelalter bis heute. Wer möchte, kann selbst Räuber spielen
und sich erkennungsdienstlich behandeln lassen – vom Ab-
nehmen der Fingerabdrücke bis zur Unterbringung in einer
nachgebauten Gefängniszelle. Keine Angst, sofern man ein
stichfestes Alibi parat hat, kommen am Ende alle „Inhaftierten" wieder frei. ds

Adresse Markgrafenstraße 102 **Anfahrt** U-Bahn 46 (Polizei-
präsidium); geöffnet täglich 9-21 Uhr, Führung unter Tel. 0231-
132-1034 vereinbaren

096 Regenbogenbrücke an der B 1

Sie ist das bunte Stadttor im Westen. Die Angst der Stadtväter und Verkehrslenker, sie könne die B1 an dieser Stelle zu einem Unfallschwerpunkt werden lassen, hat sich nicht bestätigt. Stattdessen zaubert sie vielen Autofahrern ein Lächeln auf die Lippen.

Seit 1987 strahlt die Brücke am Herbert-Frommberger-Weg in den Spektralfarben Rot, Orange, Gelb, Grün, Blau, Indigo und Violett. Damit gehört sie zu den ältesten Lichtkunstwerken der Region. Die Idee stammt vom Dortmunder Künstler Thomas Haagen. Obwohl er keine Genehmigung von der Stadt dafür bekam, verwandelte er die Brücke zwischen DASA und Universität gemeinsam mit seinen Kollegen Mike Etienne und Mario de Bellis in einen Regenbogen. Möglich machte dies die bereits fest installierte Handlaufbeleuchtung, deren Plexiglasabdeckungen die drei mit Glas-Transparentfarben bemalten.

Es folgten eine Strafanzeige wegen Sachbeschädigung, die Zurücksetzung in den alten Zustand, eine Ablehnung der Gestaltung vom Landschaftsverband und schließlich das Nikolausgeschenk an die Dortmunder: Als Nikoläuse verkleidet strichen Etienne und Haagen unter großer Anteilnahme von Bürgern, Medien und Autofahrern die Brücke wieder an. 1990 wurde sie dann als erste Regenbogenbrücke ins Guinnessbuch der Rekorde eingetragen.

Da konnte auch die Stadt nicht anders und duldete die Brücke. Inzwischen gehört sie so sehr zur westlichen Einfahrt in die Stadt, dass sie 2008 wegen des Ruhrschnellweg-Ausbaus zwar abgerissen, aber an gleicher Stelle und genauso bunt leuchtend wieder aufgebaut wurde – diesmal allerdings mit LED-Lichtern. Nun ist das Farbspektrum auch für Radfahrer und Fußgänger auf der Brücke sichtbar. gl

Adresse Herbert-Frommberger-Weg **Anfahrt** S-Bahn 1/21 (Dortmund-Dorstfeld-Süd/DASA), Pkw: Brücke über der A 40 zwischen den Ausfahrten Dorstfeld und Uni Campus Nord

097 Stadion Rote Erde

Es ist fristet ein Schattendasein. Und das kann man durchaus wörtlich nehmen. Denn die alte Tribüne des Stadions Rote Erde wird vom gewaltigen Baukörper des Signal Iduna Parks überragt. Trotz des gigantischen Fußballtempels nebenan schwärmen aber viele ältere BVB-Fans noch immer von der Roten Erde.

Denn in dem denkmalgeschützten Stadion feierte der BVB in den 1950er und 60er Jahren große Erfolge, startete dort auch in die Bundesliga. Unvergessen ist etwa der 5:0-Sieg gegen die damals beste Vereinsmannschaft Europas, Benfica Lissabon, im Dezember 1963 im Europa-Cup-Achtelfinale. Mehr als 42.000 Zuschauer passten offiziell in das Stadion, selbst die Bäume wurden als Aussichtsplätze genutzt.

Eröffnet wurde die Kampfbahn Rote Erde, wie sie martialisch hieß, im Jahr 1926, als Teil des von Stadtbaurat Hans Strobel konzipierten Volksparks – damals mit getrennten Feiern für bürgerliche und Arbeiter-Sportvereine. Ein Jahr später fand der Deutsche Katholikentag in dem großen Rund statt.

In den 1950er Jahren war die Rote Erde Schauplatz mehrerer Box-Veranstaltungen. 50.000 Zuschauer sahen 1952 den Europameisterschafts-Kampf des Dortmunders Heinz Neuhaus gegen Hein ten Hoff. Neuhaus gewann durch K.O. in der ersten Runde.

Ansonsten war der BVB Hausherr, der 1937 sein altes Domizil auf der „Weißen Wiese" am Borsigplatz aufgeben musste. Nach dem Umzug der Fußballer 1974 ins neugebaute Westfalenstadion wurde die Rote Erde den Leichtathleten überlassen. In den 1970er und 1980er Jahren fanden viele internationale Sportfeste statt. Die BVB-Amateure tragen noch heute ihre Heimspiele in der Roten Erde aus. Und einen Besuch wert ist auch der Biergarten unter den schattigen Bäumen gleich hinter dem Eingangsportal. Oli

Adresse Strobelallee 50
Anfahrt U-Bahn 45, 46 (Westfalenhallen)

098 Union Gewerbehof

Labor für Eigeninitiative: Der Union Gewerbehof (UGW) ist ein Paradebeispiel dafür, wie alte Industriebauten sinnvoll neu belebt werden können. Und das nicht von oben geplant, sondern aus eigenem Antrieb heraus. 1986 besetzten 13 Arbeitslose ein leer stehendes Gebäude der Hoesch Stahl AG. Mit Hilfe der Stadt und mit Landesmitteln wurde aus dem Backstein-Ensemble ein gemeinnütziges Projekt, das ökologische Gebäudetechniken und soziale Initiativen fördert.

Umwelt- und Sozialverträglichkeit zählen heute immer noch, längst aber ist der UGW eine Keimzelle für Gründer geworden. Gleichzeitig ist das Areal mit seinen Protagonisten ein äußerst lebendiges Kernstück des Unionviertels, das sich vom Dortmunder U bis nach Dorstfeld erstreckt.

Rund 5000 Quadratmeter der ehemaligen Laborgebäude sind heute zu Büros, Werkstätten, Lagerräumen, Ateliers und Seminarräumen umgewandelt. Dort arbeiten Wissenschaftler, Ingenieure, Designer, Architekten, Stadtplaner, Medienleute, Grafiker, auch Vereine und Verbände sitzen hier. Rund 75 kleine und mittlere Unternehmen und Selbstständige haben sich angesiedelt. Das Hofcafé versorgt mit selbst gebackenem Kuchen, Brötchen und Kaffee. Der Verein „Die Urbanisten" testet mit einem Aquaponik-Projekt, wie sich Fisch- und Pflanzenzucht kombinieren lassen. Fotografen und andere Künstler laden zu Ausstellungen ein, es finden Flohmärkte und Quartiersfeste statt, und in dem grünen, mit großen Platanen bewachsenen Innenhof spinnen Kreative neue Ideen. Übrigens: Vier der Platanen, deren Kronen gekappt werden mussten, hat der Dortmunder Künstler Bernd Moenikes in seine „Fliehende Bäume" verwandelt. ds

Adresse Huckarder Straße 12, www.union-gewerbehof.de
Anfahrt U-Bahn 43 und 44 (Ofenstraße) **Übrigens** Der Name
„Union Gewerbehof" geht nicht etwa auf die Union-Brauerei zurück,
sondern auf die „Dortmunder Union" (Union AG für Bergbau, Eisen-
und Stahl-Industrie).

099 Weihnachtsmarkt

In der Luft mischt sich der Duft von gebrannten Mandeln, Bratwurst und Reibekuchen. Der süße Glühwein wärmt in der Kälte. Und auf dem Hansaplatz zieht der höchste Weihnachtsbaum der Welt die Blicke – und Fotokameras – auf sich. Der Dortmunder Weihnachtsmarkt ist einer der schönsten der Republik. Und die perfekte Einstimmung auf das Fest.

Größte Attraktion und prominentes Aushängeschild des Marktes ist der imposante Weihnachtsbaum. Schon Ende Oktober wird das Gerüst dafür errichtet, damit pünktlich zum Richtfest Mitte November die 45 Meter hohe Baumkonstruktion blitzt und blinkt. Aus 1700 Rotfichten, speziell gepflanzt in einem Forstbetrieb im Sauerland, entsteht der imposante Weihnachtsbaum mit 48.000 Lämpchen und einem vier Meter hohen Posaunenengel auf der Spitze. Holt der BVB bedeutende Titel, dann funkeln auch Nachbildungen von Meisterschale oder Pokal im Baum.

Aber die Riesen-Tanne ist längst nicht der einzige lohnende Grund für einen Bummel über den Weihnachtsmarkt. Über die Innenstadt verteilt stehen 300 Stände mit Leckereien und Dekorationen. Lange Schlangen bilden sich jedes Jahr an den Buden, die Spezialitäten wie Westfälischen Grillschinken, Dortmunder Reibekuchen, gefüllte Kartoffeln oder Crêpes anbieten. Richtig voll ist es an den Glühweinständen – die jedes Jahr neu kreierte Tasse ist ein beliebtes Mitbringsel.

Im Weihnachtsdorf am Hansaplatz treffen Kinder den Weihnachtsmann, können Plätzchen backen und basteln. Über ein Telefon können sie ihre Wünsche für das Fest an das Christkind weitergeben – und Weihnachten entgegenfiebern. joo

Adresse Hansaplatz und Alter Markt (komplett), Kleppingstraße, Kampstraße (teilweise), www.dortmunderweihnachtsmarkt.de **Anfahrt** U-Bahn (Reinoldikirche, Kampstraße, Stadtgarten). Im Jahr 2013 geöffnet vom 21. November bis 23. Dezember, mo-do 10 bis 21 Uhr, fr/sa 10-22 Uhr, so 12-21 Uhr **Tipp** Einen besonders schönen Blick auf den Hansaplatz samt Baum hat man vom gläsernen Verbindungssteg der beiden Karstadt-Häuser aus.

100 Westfalenhalle

Mehr als 100 Millionen Besucher, mehr als 8000 Künstler – die Westfalenhalle schwelgt gern in Superlativen. Lange Zeit galt das riesige Rund sogar als größte Veranstaltungshalle Europas.

Auch wenn ihr diesen Rang inzwischen andere Superhallen streitig machen, ist ihr Ruf legendär. „Keine hat so viel Flair wie die Westfalenhalle", stellte Udo Jürgens, selbst eine Musik-Legende, bei einem seiner mehr als 30 Auftritte in dem Kuppelbau fest. Es gibt kaum eine Größe im Rock-, Pop- und Show-Geschäft, die sich noch nicht in das Gästebuch der Halle eingetragen hat. Magier David Copperfield verzauberte in über 30 Shows mehr als 200.000 Besucher. Legendär sind die „The Wall"-Konzerte von Pink Floyd, die es so nur in Los Angeles, New York, London und eben in Dortmund gab. Dabei gibt es Rockkonzerte in der Halle aus Angst vor „Randale" erst seit Mitte der 1960er Jahre. Die Rolling Stones gehörten 1967 zu den ersten Gästen.

1952 wurde die Westfalenhalle an Stelle der im Krieg zerstörten ersten Westfalenhalle (aus Holz) eröffnet. Neben Konzerten, Messen und Ausstellungen finden vor allem Sportveranstaltungen in dem großen Rund statt, bislang mehr als 30 Welt- und gut 50 Europameisterschaften. Die Eisrevue „Holiday on Ice", die im Eröffnungsjahr an 21 Tagen 267.000 Menschen in die Halle lockte, ist bis heute Stammgast. Um mehr Komfort und Platz zu schaffen, wurde die Zahl der Sitzplätze inzwischen auf rund 14 000 reduziert. Die fest installierte Radrennbahn, auf der über Jahrzehnte die Radstars bei den Sechs-Tage-Rennen ihre Runden drehten, ist inzwischen abgebaut. Geblieben ist der ganz besondere Flair in dem riesigen Oval, von dem nicht nur Stars wie Udo Jürgens, sondern auch die Besucher schwärmen. Oli

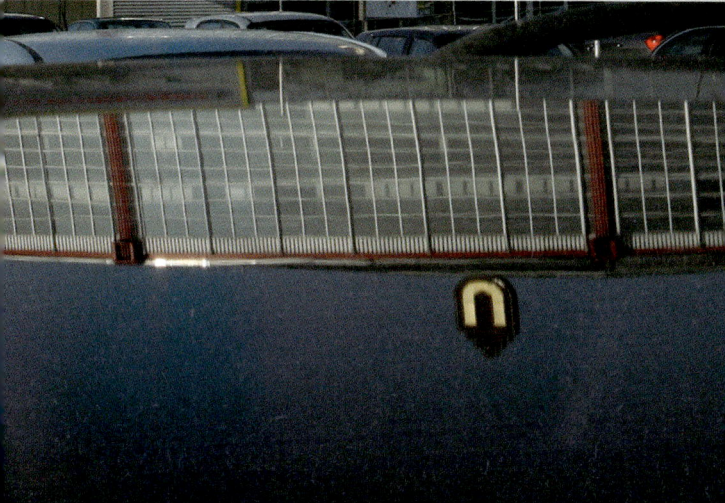

Adresse Rheinlanddamm 200, www.westfalenhallen.de
Anfahrt U-Bahn 45, 46 (Westfalenhallen)

101 Zentralmoschee Kielstraße

Von außen sieht man der größten Moschee Dortmunds ihre Bedeutung nicht an. Kein Wunder: Wo seit 1973 Muslime beten und islamisches Leben einen Mittelpunkt hat, war zuvor das Gemeindehaus der damaligen evangelischen Johannes-Gemeinde. Träger der Zentralmoschee in der Kielstraße ist der Verein Türkischer Arbeitnehmer in Dortmund und Umgebung, mit rund 300 Mitgliedern der größte Moschee-verein der Stadt, außerdem der älteste.

Im Innern finden sich zwei große Gebetsräume. Beide sind groß genug für die vielen Gläubigen, die zum Freitagsgebet, dem wichtigsten Gebet der Woche, erscheinen.

Die Gebetsräume sind typisch schlicht. Nur am Kopfende der mit dicken Teppichen ausgelegten Räume finden sich Blickfänge. In der Mitte der Wände sind aufwendig mit Kacheln verzierte Gebetsnischen eingelassen, die einem Tor gleichen und in deren Richtung die Muslime beten. Rechts und links davon liegen Kanzel und Lehrstuhl, von denen der Imam aus predigt und im Glauben unterweist.

Die Moschee ist weit mehr als ein Gebetshaus, sie ist zentrale Anlaufstelle der Gemeinde bei allen Glaubensfragen und Ort des Austauschs. Kinder bekommen Islam-Unterricht, Jugendliche treffen sich im Café, es gibt eine Bücherei Pilgerfahrten werden von hier organisiert.

Jeweils am 3. Oktober öffnet die Zentralmoschee am „Tag der offenen Moschee" ihre Türen für Neugierige. ds

Adresse Kielstraße 12, http://zentralmoschee.blogspot.de
Anfahrt U-Bahn 41, 45, 47, 49 (Leopoldstraße).

Die Autoren

Björn Althoff (bja), Jahrgang 1977, ist als Jung-Erwachsener aus dem Sauerland in die nächste große Stadt geflohen. Also in Dortmund gelandet. Er ist kein Lehrer, selten im Bio-Laden und wohnt trotzdem im Kreuzviertel. Sehr sehr gerne sogar.

Bernd Berke (bke), Jahrgang 1952, hat schon in ziemlich vielen Quartieren dieser Stadt gelebt, z.B. im Kaiserstraßen- und Kreuzviertel, in Aplerbeck, Benninghofen, Wambel und der Gartenstadt. Trotzdem entdeckt er in Dortmund immer noch „Neuland".

Nadine Fritsch (nf), Jahrgang 1986, hat es schon früh aus dem beschaulichen Castrop-Rauxel ins großstädtische Dortmund gezogen: Ob zum Pfefferpotthastessen bei der Oma in Brechten oder zum Nächtedurchtanzen im Cosmotopia. Nach dem Studium an der TU ist sie in Dortmund geblieben.

Annette Kritzler (AK), Jahrgang 1967, wurde in Dortmund geboren, lebte bis zum 21. Lebensjahr in Brechten. Seit 25 Jahren wohnt, arbeitet und engagiert sich die Geografin am Borsigplatz und verführt Besucher dazu diesen Flecken Dortmunds zu erkunden.

Gesine Lübbers (gl), Jahrgang 1965, ist zwar in Marburg/Lahn geboren, wohnt aber seit ihrem 3. Lebensjahr in Dortmund. Abgesehen von Intermezzi in Südafrika und Bochum lebt sie mit großer Begeisterung im Kreuzviertel und gärtnert im Gildenpark.

Anke Pidun (pid), Journalistin, Jahrgang 1958, ist gebürtige Dortmunderin und kehrte nach einigen Wanderjahren von Münster über Remscheid und Köln vor acht Jahren in ihre Heimatstadt zurück. Im Herzen ist sie immer ein Dortmunder Kind geblieben und ist fasziniert von den vielen Facetten des Ruhrgebietes. Ihre Lieblingsorte: Kreuzviertel und Rombergpark.

Katrin Pinetzki (pin), Jahrgang 1975, wurde in G.....kirchen geboren und lebt seit zwei Jahrzehnten in Dortmund. Nach einem Gastspiel in der Steiermark kehrte sie in Dortmunds schönstes Viertel zurück: die Nordstadt.

Dirk Schäfer (ds), Jahrgang 1969, ist Wahl-Dortmunder seit 1994 und arbeitet dort als freier Journalist.

Jana Schoo (joo), Jahrgang 1989, wurde im Schwarzwald geboren, wuchs im Sauerland auf und hat nun ihre neue Heimat im Ruhrpott gefunden. Berichtet in der Stadtredaktion Dortmund der Ruhr Nachrichten über die schönsten Seiten der Stadt und liebt die gemütlichen Cafés im Kreuzviertel ...

Oliver Volmerich (Oli), Jahrgang 1966, Bergmannssohn aus der Alten Kolonie Eving. Diplom-Journalist und seit 1994 Redakteur in der Stadtredaktion Dortmund der Ruhr Nachrichten. Hier kümmert er sich um Kommunalpolitik, Stadtplanung, Stadtgeschichte und vieles andere, was die Stadt bewegt.

Angelika Willers (Wi), Jahrgang 1951, zog als Kind mit ihren Eltern vom Münsterland ins Ruhrgebiet. Seit über 30 Jahren lebt sie im Dortmunder Kreuzviertel und kann sich nicht vorstellen, es freiwillig wieder zu verlassen.

MEIN TAG, DER HAT VIER ECKEN

Die ganze Stadt in Deiner Hand!

Veranstaltungen, Einkaufs- und Restaurantführer, Sehenswürdigkeiten und Gutscheine: Alles mobil. Alles auf einen Blick. Alles auf DO*guide*.mobi

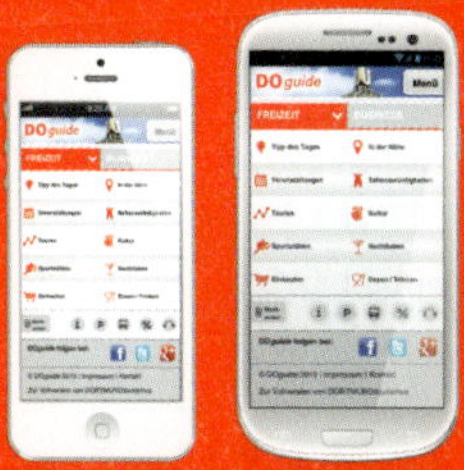

DO*guide*.mobi

Die Fotografen

**Die Fotos in diesem Buch stammen von
Dieter Menne mit folgenden Ausnahmen:**

Mark Ansorg: S. 211

Peter Bandermann: S. 134, 205

Bernd Berke: S. 29, 133

Peter Brenneken: S. 159

Fletch Bizzel: S. 97

DASA: S. 187 (oben)

Bernd Fuest: 181 (oben)

Thomas Haagen: S. 107

Wolfgang Herzberg: S. 201

Katrin Pinetzki: S. 11 (unten), 39

Lothar Potnek: S. 95

Jochen Riese: S. 113 (oben)

Sahara Hamam: S. 195

Oliver Schaper: S. 217

Standout: S. 181 (unten)

Stephan Schütze: S. 63

Michael Strzodka: S. 113 (unten)

Isabelle Thiel: S. 117

Anneke Wardenbach/Stadt Dortmund: S. 11 (oben)

Hannes Woidich: S. 105

Solebad mit Innen- und Außenbecken, 000 m² Saunalandschaft mit 12 verschiedene Saunen, Salzgrotte, weitläufiger Garten mit Panorama-Ebene

Angeln, Bootfahren, Minigolf, Tennis, Klettern im Naturhochseilgarten, erste Frisbee-Golfanlage Dortmunds

Eishalle mit DJ-Partys und Lightshow

JETZT AUF NACH WISCHLINGEN !

SOLEBAD
WISCHLINGEN

EISLAUFHALLE
WISCHLINGEN

Revierpark Wischlingen
Höfkerstr. 12 - 44149 Dortmund
Tel. 0231 / 91 70 71-0
www.wischlingen.de